本书获得国家自然科学基金面上项目"在线多媒体协□□□□□
理研究——基于广播与交互传播的视角"(71372132□□□□□
学规划课题"互联网环境下消费者品牌选择机理研究□□□□□□□□□
西财经大学校青年基金项目"在线沟通渠道协同对口碑的影响机理研究——
基于广播与交互传播视角"(Z06085)资助

在线广播式媒体与交互式媒体

协同的营销说服机理研究

RESEARCH ON MARKETING PERSUASION MECHANISM OF
COLLABORATION BETWEEN ONLINE BROADCAST
MEDIA AND INTERACTIVE MEDIA

高 寅 ◎ 著

经济管理出版社
ECONOMY & MANAGEMENT PUBLISHING HOUSE

图书在版编目（CIP）数据

在线广播式媒体与交互式媒体协同的营销说服机理研究/高寅著. —北京：经济管理出版社，2019. 10
ISBN 978 – 7 – 5096 – 2196 – 7

Ⅰ. ①在…　Ⅱ. ①高…　Ⅲ. ①网络营销—研究　Ⅳ. ①F713. 365. 2

中国版本图书馆 CIP 数据核字（2019）第 244393 号

组稿编辑：杜　菲
责任编辑：杜　菲
责任印制：黄章平
责任校对：陈晓霞

出版发行：经济管理出版社
　　　　　（北京市海淀区北蜂窝 8 号中雅大厦 A 座 11 层　100038）
网　　址：www. E – mp. com. cn
电　　话：（010）51915602
印　　刷：三河市延风印装有限公司
经　　销：新华书店
开　　本：720mm × 1000mm/16
印　　张：13. 5
字　　数：206 千字
版　　次：2019 年 10 月第 1 版　　2019 年 10 月第 1 次印刷
书　　号：ISBN 978 – 7 – 5096 – 2196 – 7
定　　价：78. 00 元

前　言

消费者花费越来越多的时间通过在线媒体获得信息，这些在线媒体形式在两个阶段表现出显著差异：第一个阶段是传统网络媒体，以旗帜广告、网络文本形式为主，表现出广播式传播特征。第二个阶段是以博客、微博、SNS等社会化媒体为主要形式的在线多媒体，具有交互式传播特征。消费者既使用第一类在线媒体，也使用新兴的第二类在线媒体，由于并行使用使得这些消费者创造的媒体具有巨大的协同作用。这些在线多媒体在消费者使用过程中表现出清晰自然的传播方式差异（广播式、交互式）。传统在线广播式媒体不得不在交互式媒体支持下才能取得良好的营销效果，那么，这种不同传播方式在线多媒体协同效应为何产生，在线多媒体协同如何影响消费者结果变量，如何实施多媒体协同，对于管理者就十分重要了。

为了严格探讨在线广播式媒体与交互式媒体的协同效应，本书选择内部效度较好的行为实验法作为主要研究方法，通过严格的实验室行为实验揭示两类新媒体协同效应产生的内在机理。为了实现该研究目的，需要研究的具体内容包括：①在线广播式媒体与交互式媒体协同对购买意愿的作用。②探讨不同在线媒体形式差异产生协同效应的机制，即不同媒体刺激是否相互作用、是否具有不同处理水平对协同效应产生的作用。③探讨不同次序媒体协同效应的差异。④探讨不同产品涉入度对不同媒体协同效应大小的调节作用。⑤探讨不同产品涉入度对不同次序媒体协同效应差异的调节作用。

本书共十二章。第一章提出研究背景、基本研究问题和基本概念，借此导出研究目的与意义，并提出了基本研究方法与技术路线。第二章主要介绍本书的理论回顾与文献综述，将传统研究文献中的各种媒体协同纳入统一的分析框架，在此基础上指出研究的本质：不同形式媒体协同，并深入探讨了研究的理论可能性。第三章是研究的构思与设计部分，共5个实验研究，分别对研究内容中的5部分进行了研究设计，包括实验设计理由和方案以及假设的推导过程。第四章进行了研究1部分，初步验证在线广播式媒体与交互式媒体在购买意愿行为层面的存在性。第五章、第六章共同实施了研究2。其中，第五章通过研究2A揭示了不同媒体协同对产品记忆协同效应的必要条件——媒体间相互作用。第六章通过研究2B揭示了协同效应的另一个必要条件——媒体间信息处理水平差异。第七章通过研究3探讨了两种媒体次序的不同对协同效应的影响。第八章、第九章分别通过研究4A、研究4B探讨了产品涉入度对协同效应的调节作用。第十章、第十一章分别通过研究5A、研究5B探讨了产品涉入度对不同次序媒体协同效应的调节作用。每章实验研究均从实验目的与实验设置、实验刺激物、实验过程、实验结果、结论与讨论部分展开。第十二章为本书收尾章节，总结本书整体结论，探讨了研究结论的理论贡献与相应的营销传播启示，并给出了研究局限与对未来研究的展望。

与已有文献及研究相比，本书的创新之处及特色在于：①提出了不同媒体协同更加一致的分析框架。通过验证不同媒体协同效应存在机制，不同媒体间认知处理水平形式差异可以产生协同效应，提出了差异带来协同的分析框架。②找到了一种新的媒体协同效应存在的理由。认为形式差异带来协同效应，指出广播式与交互式之间不同层次信息处理水平也是一种形式差异，二者协同可以产生协同效应。③解释了不同次序媒体协同的差异。通过比较指出了不同的媒体协同策略对营销变量的不同影响，为促销媒体规划提供指导。④解释了在不同产品涉入度情况下协同效应的差异。通过分别比较产品涉入度对不同媒体协同效应、不同媒体次序协同效应差异的影响，指出不同产品类型条件下协同效应的变化。

本书运用严格的社会科学方法研究媒体协同，从实践中提取问题并严格控制变量，所进行的研究得出了有益结论，具有广泛的适用性。管理类本科生、研究生可以将本书作为研究专著；传播学类本科生、研究生同样可以将本书作为传播理论在营销中运用的研究范例；营销实践人员可以将本书作为实战策略深入探讨的阅读书籍。

感谢我的妻子赵琳，她分担了很多家务，特别是对我们哺乳期爱子的辛勤哺育，使我能够分身于本书编写。感谢我的母亲大人，在身体与精神上为我的家庭付出了太多，让我得以抽出"奢侈"的时间完成书稿。

最后，由于笔者水平有限，编写时间仓促，错误与不足之处在所难免，恳请广大读者斧正！

目　录

第一章
绪　论

一、研究背景

（一）现实背景

网络媒体已经成为人们获得消费信息的主流渠道之一。在线营销沟通是进入 21 世纪以来最重要的、发展速度最快的促销方式，甚至可能会成为未来的主流促销方式。社会化媒体的"海啸"趋势让消费者通过社会化媒体平台成为品牌或产品的粉丝，并且通过该工具获取品牌或产品信息。除传统媒体外，社会化媒体逐渐成为一种新的构造品牌的媒体工具。企业在社会化媒体上投入强劲，2013 年达到 30 亿美元（Kozinets et al.，2010）。信息通过社会化媒体进行病毒式传播，比传统的媒体具有更大的到达能力（Keller，2009）。

消费者每天大部分时间用于在线活动，通过在线和交互式媒体获得信息。消费者所接触的在线媒体形式在两个阶段表现出显著差异：一是传统网络媒体，以旗帜广告、网络文本形式为主，表现出广播式传播特征。二是以博客、微博、SNS 等社会化媒体为主要形式的在线多媒体，具有交互式传播特征（Barwise & Farley，2005）。消费者既使用第一类在线媒体，也使用新兴的第二类在线媒体，由于并行使用使得这些消费者创造的媒体具有巨大的协同作用，那么，具有这两类特征的在线媒体之间如何协同就成为一个重大的问题。

（二）理论背景

在社会化媒体出现之前，媒体协同效应在营销传播中的作用不明显，针对不同消费者群体的媒体互补效应是人们关心的主要问题。传统的整合营销理论强调的是营销传播的目标一致性与手段互补性（Schultz，2012），但学术界对该协同问题的重视不够，研究成果也不多。

社会化媒体出现之后，情况发生了重大变化，在线交互式传播的高速性、广泛性、自发性、可储存性、非时空性等特征，带来巨大的机遇和挑战，同时带来很大的理论空白（Haythornthwaite，2005）。企业从业人员在交互式媒体帮助下实现了在线多媒体协同效应的超低成本整合营销传播，营销活动不得不在交互式媒体帮助下才能取得更好的传播效果（Culnan et al.，2010），不同类型的交互式营销沟通之间只有相互支撑才能达到"1 + 1 > 2"的效果，有时"1 + 1 < 2"的情况也会经常出现（Naik，2007）。今天制订整合营销计划的重点已经不是不同媒体手段间不同受众的互补问题，而是考虑如何做好在线多媒体的协同（Tang et al.，2007）。

从理论角度分析，Naik 和 Raman（2003）将媒体协同效应定义为两个或两个以上媒体联合的效果大于各自单独的效果之和。类似的定义也出现在 Belch（2004）和 Naik（2007）的研究文献中。本书针对在线广播式与在线交互式媒体间如何产生"1 + 1 > 2"协同效应的理论空白，进行尝试性研究分析，试图揭示这种在线多媒体协同效应的产生机制。

二、研究目的与意义

（一）研究目的

传统的整合营销理论强调的是营销传播的目标一致性和手段互补性，对协同效应的研究并不充分。自在线多媒体协同促销模式诞生以来，协同到底会在哪些营销变量上产生？哪些被协同的营销变量会影响消费者的购买意愿？企业在线整合营销传播计划要考虑这些因素的影响吗？这些问题已经出现。

本书通过构建在线多媒体协同对购买意愿的作用机理模型和在线多媒体协同策略的工具模型为人们制定在线多媒体营销沟通策略提供一个协同效应方面的理论支撑和工具支撑。

（二）研究意义

在现实层面，企业不断增加在线媒体广告预算的总体数量和比例。大部分企业使用这种广播式媒体、交互式媒体，通过多种在线媒体实施企业广告、促销、公关沟通等活动，给管理者带来了巨大的机遇和挑战。管理者自己花钱投放广播式促销广告，但不得不在交互式媒体的支持下才能取得好的效果，通过在线多媒体营销活动，在广告到达率、广告说服方面收到良好效果。但是，企业管理者对如何进行在线广播式媒体、交互式媒体协同却知之甚少。在理论层面，虽然很多研究观察到了这种消费者使用媒体的行为变化以及分别产生的营销效果，但是，对在线广播式媒体与交互式媒体之间的协同作用却少有关注。因此，厘清在线多媒体协同效应产生机制、在线多媒体协同如何影响消费者结果变量，以及如何实施多媒体协同就具有很强的理论意义和实践意义了，具体表现在：

1. 理论意义

首先，将在线媒体进行了广播式与交互式的分类，找出两者在消费者认知方面存在的差异，为营销传播研究提出了有效的在线媒体分类方式。其次，分析了在线广播式媒体与交互式媒体产生协同效应的机制，为以后的相关媒体协同研究找到了协同效应存在的理论框架，丰富了媒体协同理论。再次，分析了不同媒体次序带来的协同效应差异，拓展了不同媒体协同具体操作化方式方面的研究理论。最后，分析了产品涉入度对整体协同效应的调节作用，指出不同产品类型之间在线多媒体协同的差异。特别地，为不同媒体次序协同策略在不同产品类型间的效果差异界定了边界，为不同类型产品进行不同次序媒体协同策略提供了理论指导与启示。

2. 实践意义

首先，为企业的营销沟通战略提供理论指导，即企业需要将传统在线媒体与新的交互式媒体结合起来进行营销传播。其次，为企业的整合营销传播运动中媒体选择提供启示，即企业需要找到认知处理水平有差异的媒体工具，如在线广播式与交互式；认知处理水平上有差异的在线媒体之间才具有显著的协同效应。最后，对营销活动中媒体信息发布规划具有指导意义，即先广播式后交互式传播规划优于先交互式后广播式的传播规划，特别是对于较低涉入度的产品而言，该效应更加明显。

三、研究方法与技术路线

（一）研究方法

本书采用文献法、访谈法、问卷法、实验法等多种实证研究方法以及 SPSS 等统计分析方法与软件进行研究。

1. 文献法

通过广泛阅读国内外相关研究文献，掌握媒体协同及不同媒体形式协同存在的认知心理机制等方面的研究进展，为新的媒体形式差异导致的协同效应探索和研究设计提供坚实的理论准备。

2. 开放式问卷、访谈法

通过开放式问卷和访谈了解消费者日常使用的在线媒体工具、组成结构，以及通过不同在线媒体工具进行媒体消费活动。同时，访谈得出当前公司营销活动中所使用的媒体工具，特别是新媒体工具的使用。

3. 实验法、问卷法

通过严格的实验控制检验，验证研究中所提出的媒体协同存在机制及其对购买意愿的作用。

4. 统计方法

运用 SPSS 统计软件，通过方差分析探讨相关变量的中介和调节作用。

（二）技术路线

研究的技术路线是包括研究选题、构思、调研、数据分析及研究结论的总结在内的总体性研究规划，本书技术路线如图 1-1 所示。

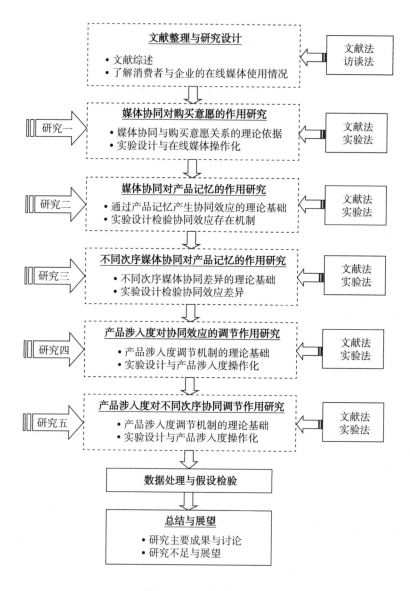

图1-1 研究技术路线

第二章
文献综述

一、媒体协同

（一）媒体协同研究起源

协同效应原本是一种物理化学反应，又称为增效作用，指两种或两种以上的组分相加或调配在一起，所产生的作用大于各种组分单独应用时的作用总和。其中，对混合物产生这种效果的物质称为增效剂。此后协同效应被引入多个领域，在管理学领域内的协同效应主要用于分析企业的并购、重组等战略管理问题以及公司财务等。

到了20世纪90年代，协同研究才正式进入营销传播领域，其研究对象经过不断演化。第一，最早的媒体协同研究关注不同传统媒体在信息传播过程中的相互影响作用。Edell和Keller（1989）最早关注了电视与广播之间的相互作用。后续的许多研究同样也发现了不同媒体之间的相互影响。第二，媒体协同的研究对象不仅关注不同媒体间，而且扩大到了不同营销活动间。整合营销理论（IMC）将这种相互作用的关注对象扩而大之，发现该作用不仅存在于不同媒体之间，不同营销活动之间均具有相互影响，如广告、促销、公关、直销、CI、包装、新闻媒体等一系列营销传播活动之间具有相互加强的作用，并称其为"增加值"。但是，关于这种相互作用的科学抽象问题一直比较混乱，或称为交互作用，或称为加强作用，或称为额外增加值。

21世纪以来，Naik和Raman（2003）关于如何在现实中分配营销资源的研究中，就多种媒体共同产生的营销效果到底该归属于哪种媒体的问题做了分析，并将不同媒体总体效果大于部分之和的现象称为媒体协同。Smith等（2006）研究了在营销—销售界面的整合营销沟通中的协同问题，关注了营销—销售界面间的营销努力、跟进延迟、销售效率之间复杂的交互作用。Naik（2007）也同样研究了不同营销活动间的协同作用。

总之，管理学中的协同研究起源于企业兼并中不同企业的相互加强作用。在营销领域中，协同研究仍然关注不同营销活动间"1＋1＞2"的问题，包括不同"1"间的组合形式与内在发生机制，以及"1"的内涵不断变化所引起的新问题。营销领域的协同研究分为三个阶段展开：第一阶段，营销协同研究关注的"1"为不同媒体，研究广告传播效果的相互加强作用。第二阶段，以整合营销理论为代表，将协同研究关注的"1"扩展为不同的营销接触活动，包括广告、公关、包装等。第三阶段，"1"的内涵发生了很大变化，主要有三大类：第一类研究关注线下媒体与线上媒体之间的作用；第二类研究关注传统媒体与新社会化媒体之间的协同效果；第三类研究更多地从公司目标出发，关注营销与销售间的协调。

（二）媒体协同的定义与研究边界

1. 媒体协同的定义

整合营销理论（IMC）始于20世纪80年代，最早提出各类型营销活动之间的整合作用，即营销活动之间的协同效应。美国广告公司协会（1989）认为整合营销是一个营销传播计划，该计划综合各种传播手段，如广告、公关、促销等，最终向消费者呈现具有良好清晰度、连贯性的信息，以达到最优传播效果。Schultz（2006）指出整合营销传播的目标是针对企业客户、潜在客户等内外相关目标群体进行长期的可协同、可测量的品牌传播计划。邓肯（2002）认为整合营销传播强调的一致声音只是一种表面意义，更需要运用零基传播沟通计划、多媒体策略、使命策略来促使企业有效地建立与消费者的密切关系。辛普（2003）提出整合营销传播是一项包含了计划、创造、整合以及营销传播各种形式运用的过程，可利用多种形式的方法与消费者接触，使得营销传播要素彼此间产生协同作用，最终达到影响消费者行为的目的。总之，整合营销传播的相关研究多注重各媒体之间、营销活动之间的合作效果，但就各活动与媒体间的相互作用的科学定义与分析一直未给予正面研究。

为此，Schultz（2006）正式提出媒体协同的概念，认为整合营销传播可产生协同效应，在多种媒体市场环境中，媒体协同具有广阔的发展空间。另外，Schultz 等（2009a，2009b）通过实证研究发现，媒体协同效应来自消费者对于多种媒体的并行处理与并行使用，使得企业最终获得更强的消费者购买意愿。Schultz 等（2012）进一步指出，媒体协同仅发生在消费者媒体消费层面，媒体形式之间本身并不产生交互作用。上述研究指出不同的媒体活动之间具有联合的效果，即协同效应。这些研究认为，当多种媒体活动的联合效应不同于它们单独效应的总和时，媒体协同就发生了；也就是说，这种联合效应可以大于单独效应之和，也可以小于单独效应之和，媒体协同有正向协同与负向协同之分。

但是，Naik 和 Raman（2003）将多媒体协同定义为两个或更多的媒体联合的影响力超过它们被单独使用时的影响力之和，协同效应才会发生，其他一些学者也给出了类似的定义（Belch，2004；Naik，2007）。

本书采纳 Naik 等的定义，认为多个媒体联合效果小于单个活动效果之和的情况不属于媒体协同研究范畴，只关注营销传播领域中的多种媒体活动综合效果大于各个媒体活动单独效果之和的情况，分析这种媒体协同对其他营销变量的影响机制。本书关于媒体协同的定义均以媒体协同效应总是正效应为前提。

2. 研究边界

本书细化了当前关于媒体协同的研究课题，对"1＋1"的问题进行了界定，将研究对象限定在营销传播领域中的媒体协同效果研究。针对这种媒体协同，有的研究着力于不同媒体间最终向消费者呈现信息的一致性（美国广告公司协会，1989），强调所有媒体工具方案设计的整体性，要求消除各媒体所传播信息的异质性，从而传播更加一致的声音。有的研究强调媒体协同在各垂直部门与横向职能部门组织间的合作，要求具有更加协调的营销传播计划与方案，在营销传播的不同阶段产生媒体协同效果。这类研究着力于公司内部以及外部各媒体部分间的协调一致（邓肯，2002）。还有的研究关注媒体协同对最终产品或品牌的影响效果，如品牌的塑造与构建、感知价值差异、消费者反馈行为等（Schultz，2005，2009a，2009b，2012）。本书将媒体协同研究边界聚焦于媒体协同传播范畴，关注媒体协同的最终效果，特别是消费者或用户层面的营销效果。

在界定"1＋1"的整合之后，需要界定"1"的内涵。在以往研究中，"1"的内涵不断发展改变，在不同的社会与媒体技术发展阶段表现出不同的特征，呈现出不同的媒体协同演变过程。关于不同媒体协同的研究主要集中在三个方面。第一，早间协同集中于两个传统媒体间的协同作用，如电视与广播的协同（Edell ＆ Keller，1989）或者电视与平面媒体的协同（Naik ＆ Raman，2003）。第二，传统媒体与网络新媒体的协同。有研究显示电视与网页横幅广告之间具有协同作用（Chang ＆ Thorsen，2004），但是其他研究结果却不尽一致，Dijkstra 等（2005）和 Havlena 等（2007）的研究认为，电视和平面广告之间存在协同效应，但是当把在线横幅广告加入媒体组合之后，协同效应变得极其弱甚至消失了。第三，在线媒体之间的协同效应，这方面的研究很少。Abraham（2008）研究了在线呈现广告和在线搜索广告在营销活动中并行使用，发现消费者对需要付出搜索努力的搜索广告较获取信息容易的展示广告响应更多，两种广告方式都增加了线上和线下的销售量。Stephen 和 Galak（2012）研究了企业的获得性媒体（非企业产生、非付费媒体）对企业销售额的影响，发现社会化获得性媒体对传统获得性媒体具有推动作用，其中包括在线社会化获得性媒体对在线传统获得性媒体的推动作用。可见，"1"的内涵从传统媒体之间，到传统媒体与新媒体之间，再到在线媒体之间，随着媒体技术的发展而不断变化，或者因为不同的研究出发点而进行不同的分类。

本书关注在线媒体间的媒体协同传播，选择在线广播式媒体与交互式媒体的媒体协同作为研究对象，"1＋1"问题中的两个"1"分别指在线广播式媒体、在线交互式媒体。

（三）已有研究媒体协同分类

媒体协同可分为三大类：线下媒体与线上媒体协同，传统媒体与社会化媒体协同，付费媒体、自有媒体与获得性媒体协同。

1. 线下媒体与线上媒体协同

（1）在线媒体与其他单一媒体的协同，包括纸质媒体、电视媒体、广播等。

1）在线媒体与纸质媒体之间的协同作用。英国报业营销组织的一份报告（2007）显示，丰田雅士利汽车通过纸质广告的投放，其网站访问量提升了32%，表明纸质媒体对网络媒体具有加强作用（Wakolbinger et al.，2009）。Chatterjee（2012）通过对比广告中的信息量是升序和降序设置了两种情况的在线和离线媒体的协同，结果证明多媒体协同会携带更多的品牌信息，比单个媒体使用对品牌回忆和品牌态度的影响更大。正因为不同媒体之间具有相互作用，所以在不同媒体间分配营销资源成为一个重要的研究问题，这类问题的研究从侧面支持了不同媒体间存在的协同效应。如Chen和Xie（2008）关注消费者在线评论与广告、网络背书评论间的关系；当面对更加看重产品属性的消费者时，企业应该用广告的形式反馈，而不是用第三方背书评论；广告会产生正向作用，而第三方背书会产生负向作用，损害公司的利益。但是，另外一些研究的结论却不尽相同，比较单独印刷媒体广告效果与印刷、互联网联合媒体广告效果，测量在无提示品牌回忆、有提示品牌或广告回忆、品牌或广告识别的反馈，研究发现二者投放广告的效果无明显差异（Wakolbinger，Denk & Oberecker，2009；Dijkstra et al.，2005）。

2）在线媒体与电视媒体之间的协同。由于在商业营销实践中，虽然电视广告具有更高的到达率，但是由于其高额的成本，令商家望而却步。同时，在线媒体以其较低的营销费用，获得了管理者的极大关注（Briggs et al.，2005）。在跨媒体整合中，电视与网络的整合是一种最主要的整合（Lin，2006）。有研究显示，78%的网络用户会访问一种电视网页（Schlosberg，2000）。例如，中国中央电视台或者各省级电视台在其节目播放结束之后，均允许观众通过网页访问该节目，并就该节目进行讨论，发表消费者自己的感想与言论。各级电视台之所以这样做，是因为这种整合策略通过网页呈现可以加强电视特征，构建更高的访问者忠诚度，提高再访倾向并吸引新的观众（Griffin，1996）。同时，该策略可以将最初的电视信息和特殊内容在网页呈现，从而获得更好的效果（Chan – Olmsted & Jung，2001）。

这类研究更多关注不同媒体共同塑造品牌，将媒体协同对品牌变量的影响作为研究的重点。谌楠（2011）关注了电视广告和网络视频广告协同对品牌资产的影响，发现两类媒体广告投放可以对品牌资产、品牌意识、品牌联想产生协同效应，但是对品牌感知质量、品牌忠诚则不会产生协同效应。这类研究支持消费者从多种媒体接收信息优于单一媒体的假设，因为该信息可以更加复杂的方式编码，从而更加深入地存储在消费者的认知记忆中，形成更容易被调用的认知结构，且多种信息间产生记忆时具有交互作用。另外，其他同类研究也支持了在线媒体与电视媒体之间存在协同作用的假设，这类研究更多地从消费者或受众层面的个体变量出发，关注这类电视媒体与在线媒体协同效应。Wang（2011）研究认为，电视广告与网络广告的跨媒介足可以提升受众对电视广告的态度，提供受众的广告信息处理努力程度和品牌态度。电视广告与产品网站广告联合使用比单独重复使用产生更强的消费者注意、积极想法和情感反馈（Chang & Thorson，2004；Voorveld et al.，2011）。

关于电视媒体与网络媒体之间的这种协同作用的内在机制，之前研究主要从两个方向进行探讨。一是跨渠道整合的方向。Ha 和 Chan - Olmsted（2001）探讨了加强电视特征对于电视品牌特征、电视商业兴趣的影响，研究指出，受众在经过网页暴露前后对电视持有的低兴趣没有差异，即使他们具有不同的电视特征意识水平。Ha（2002）指出电视节目的网上广播可以成为新的利润源，可以作为一种吸引和保持观众的方式，这种方式将网络受众进行了分割，针对不同的受众选择了不同的电视特征。网络广播可以作为一种工具或入口，将电视节目针对不同的区域进行面向本地化的网络广播服务。同时，研究分析了适于进行网络广播的预测指标，包括个人创新性、感知广播效用、在线使用频率、每次在线使用持续时间等。最重要的是，她指出电视与网络的这种组合方式可以为用户提供新的需求，满足他们情感释放和认知刺激的需求。Ha 和 Chan - Olmsted（2004）设计出了一种新的内在机制，即二者通过跨媒体整合与浏览者进行交互可以满足用户的沟通需求，从而吸引增加用户浏览节目的时间。二是着重于广告效果的方向。Calder 和 Malthouse（2005）认为消费者通过多种方式接触后，影响了他们的经验与品牌概念；跨渠道广告整合通过产生一个独特的接触集来影响品牌经验（Wooters & Wetzels，2006）。

3）在线媒体与广播之间的协同。由于媒体技术的发展与消费者接受媒体信息方式的发展，受众对于无法观看而只能接收音频信号的广播的接受度越来越差，因此这方面的协同研究较少。网络广告信息具有可视化的特征，而广播却只有声频信息，只能通过声音感知模系统感知（Dijkstra et al.，2005）。网页横幅广告暴露比广播广告暴露具有对沟通媒体更高的可控性，从而具有更好的交互性。同时，广播更多地可以激发情感，而网络则更多地作为一个理性媒体来沟通琐碎的信息（Leong et al.，1998）。当联合使用两种媒体时，由于二者的优势互补，可以产生更加积极的联合效果。该结论在很多研究中得到了印证（Edell & Keller，1989；Dijkstra et al.，2005）。Voorveld（2011）研究认为，广播广告与网络横幅广告组合比单独媒体在正向情感、行为反馈方面有更好的协同作用，但是，二者联合却比单独网络横幅广告对信息回忆、识别方面产生更多负向作用。

（2）在线媒体与其他多种媒体的协同。在营销传播媒体组合中，当采用三种或以上的媒体组合时，这种媒体组合既有线上、线下媒体协同效应，还有线下媒体协同效应，更有线上媒体间协同效应，其中的交互作用十分复杂（Naik & Peters, 2009）。Naik 和 Peters（2009）从公司层面对销售数据分析后发现，在进行不同媒体预算分配过程中，若将网络媒体广告预算从8%增加到15%，则总体可得到更高的广告暴露效果和店面访问数量。这从侧面证明，网络媒体与其他媒体之间存在很强的交互作用，某一个媒体努力投入量的改变会导致整体组合媒体的传播效果。Havlena 等（2007）对消费者和受众个体层面进行数据分析，研究选取了网络横幅广告作为网络媒体的形式，发现电视、杂志、网络横幅广告之间存在很强的协同效应，特别是对消费者的品牌态度、回忆率有很大影响。Briggs 等（2005）同样研究了电视、杂志、网络三者之间的协同作用，研究发现电视、杂志、网络横幅、电子邮件组合不仅对品牌意识、品牌形象、购买倾向等变量产生协同效应，而且切实地通过投资回报率（ROI）体现出来。

Dijkstra 等（2005）探讨了网络、电视、印刷等媒体组合的协同作用，认为三者在受众的认知、情感和行为反馈方面存在补偿效应。其研究结果显示，如果采用单独电视的广告策略，相比其他组合媒体策略，在认知刺激方面表现出较大的优越性。同时，多媒体组合策略与单独媒体策略相比，在情感刺激和行为倾向方面无甚差别。这一研究结果表明，多媒体策略可以产生协同作用，但是对消费者个体层面的不同变量产生不同的影响，如本书中，对认知刺激有协同作用，而对情感刺激、行为倾向则无。

2. 传统媒体与社会化媒体协同

2010 年，由弗雷斯特公司同美国国家广告协会（ANA）在美国进行的调查显示，社会化媒体在企业实践中起到越来越重要的作用，多数营销人员计划增加社会化媒体广告预算。大部分营销经理计划增加77%的社会化媒体投入、73%的网页广告投入、59%的搜索引擎营销投入；但是，在传统媒体方面的投入增加却很少，如计划增加 13% 的杂志投入、9% 的广播广告投入、7% 的报纸广告投入。这些改变为微型企业创造了很多发展机会，这类企业往往缺乏现金以及创新性营销活动的知识，基于此，它们可以通过使用社会化媒体工具进行社会化营销。

在线环境下，消费者通过新的信息技术来进行交互，这种技术应用广泛，如 Facebook、LinkedIn、MySpace 等，还有用户产生内容的网站，如 YouTube、Helium、Wikipedia 等。由于越来越多的传统与社会化媒体存在交集，以及交互技术的发展，导致了两大类媒体的不断融合（Bernoff & Li，2008）。在这种趋势中，人们倾向于通过信息技术向彼此获取信息，而不是通过传统的公司等组织来获取。这一类新媒体就是社会化媒体，它从本质上来说是交互的，也被称为消费者产生媒体、新媒体或公民媒体等。社会化是一种信息的民主化，把受众从原来的阅读者转变为内容发布者，将单一广播传播机制转变为多对多的方式。但是，传统媒体是公司产生的媒体，其信息流单向传播，如广告信息通过广播方式从公司传向目标受众，属于一对多的传播结构方式。

社会化媒体可以影响一个公司与产品的集体感知，并且可以快速改变网络消费者的行为，不像线下消费者，对某个公司与品牌忠诚度更低了。这种新型媒体虽然将企业带入一个新的境地，但是它不断威胁着传统的营销媒体实践（Bernoff & Li，2008）。传统的营销实践更多地集中于营销组合模型，在 20 世纪 60 年代后，营销组合模型就演变为营销中的 4P 模型以及 6P 模型。这种社会化媒体包括定制化、隐私、消费者、社区、促销、网页、安全等营销工具，在营销工具组合中发挥了重要的作用，让企业可以直接与消费者进行交互，并且允许消费者直接进行沟通，所以应该在营销组合中增加这个新的维度。社会化媒体包括了许多活动，这种新的工具具有可升级、可控性好、可接近性高、营销效果可测量性好等特点。而传统媒体却具有很差的可控性、可接近性，并且信息到达人群数量有限。二者的比较和商业目标差异如表 2 - 1 和表 2 - 2 所示。

表 2 - 1　传统媒体与社会化媒体比较

传统媒体	社会化媒体
固定的、不可改变的	可随时更新
有限评论、非实时性	无限的实时评论
效果测量需要延时	传播效果当时即可测量
不易接近	易接近
有限的媒介组合	所有媒介均可组合
发布方有限	人人均可发布
发布内容有限	发布内容无限
不鼓励分享	鼓励分享和参与
用户不可控	用户可控

资料来源：Rob Stokes（2008）。

表 2 - 2　传统商业与社会化媒体商业的目标

传统商业功能	社会化媒体功能与目标	新视角下二者的差异
研究调查	倾听	通过实时观察客户彼此的对话，代替临时调查和小组讨论
营销	诉说	参与并激励客户进行双向对话，而不仅仅是对外沟通
销售	激励	使得狂热消费客户群彼此间帮助销售成为可能
支持	支撑	使得客户间相互支持成为可能
开发	拥抱	让客户共同工作，想出更好的方法来提高产品和服务水平

资料来源：Rob Stokes（2008）。

社会化媒体能否成功取决于如何同传统媒体组成媒体组合。越来越多的研究关注社会化媒体的交互性，这种交互性主要体现在消费者之间交互沟通对消费者行为、营销输出结果上的影响。关于传统媒体、社会化媒体之间的协同作用的文献研究集中在以下两类。

第一类研究关注消费者沟通对消费者行为的影响。这类研究的共同之处在于，都认为消费者相互沟通是网络信息传播的重要影响源（Dellaro-cas，2003）。社会化媒体平台的出现有利于消费者直接沟通，特别是加快了陌生消费者的交流（Duan et al.，2008）。Godes 和 Mayzlin（2004）指出社会化媒体平台是一个成本节约并且使用简单的接近和收集消费者沟通的工具。这种消费者沟通的接近与收集工作可以为公司带来很好的结果。Chevalier 和 Mayzlin（2006）认为网络书评的增加可以有效增加书的销售。Liu（2006）研究了消费者评论对票房收入的影响，发现二者之间同样存在正向关系。为此，Dellarocas 等（2007）研究了电影票房预测模型，发现把在线电影评级作为变量加入预测模型后，可以显著地提高模型的预测力。在此背景下，De Bruyn 和 Lilien（2008）分析了消费者沟通导致的病毒式营销对受众不同阶段的决策制定过程的影响。

第二类研究主要关注社会化媒体沟通对营销效果的影响。Simon 和 Sullivan（1993）将营销沟通作为构建品牌资产的源泉，试图开发一个品牌资产的测量模型。有研究指出营销沟通会对感知品牌质量、品牌忠诚、品牌联想、品牌意识产生作用（Yoo et al.，2000）。针对新媒体的出现，Trusov 等（2009）第一次试图研究在线口碑与传统媒体的关系，该研究分析了网络推荐与传统营销沟通工具对某一社会化媒体平台成员数量增加的影响。研究结果显示，网络口碑推荐正向影响成员数量增长，并且比传统媒体具有持续的更加长期的延滞效应。Stephen 和 Galak（2009）研究了社会化媒体（在线论坛、博客）和传统媒体（纸质媒体、电视）对销售的影响，选择在线小额贷款公司作为研究对象，研究两类媒体对贷款数量和规模的影响。结果显示，两类媒体对营销绩效均有显著作用，但是传统媒体具有更好的作用。

总之，这些研究表明消费者沟通会影响营销绩效，但是就社会化媒体与传统媒体的效果比较却莫衷一是。因此，越来越多的研究关注社会化媒体与传统媒体对营销效果的影响差异（Libai et al.，2010）。

3. 付费媒体、自有媒体与获得性媒体协同

一般情况下，市场营销人员将媒体分为付费媒体、自有媒体、获得性

媒体三类（Goodall，2009）。在这三类媒体中，付费媒体与自有媒体是企业自己或者其代理机构能够直接产生和控制的。但是，获得性媒体是指企业不能直接产生或控制的消费者口碑、其他期刊或文本。三类媒体的线上、线下例证如表2-3所示。

表2-3　付费媒体、自有媒体、获得性媒体分类

类型	线下举例	线上举例
付费媒体	传统广告（如电视、广播、纸媒、户外） 赞助广告 直邮	网络显示/横幅广告 搜索广告 社会网络广告 电子直邮
自有媒体	店内视觉展示 商业宣传册 公司新闻发布	公司或品牌网页 公司或品牌博客 在线社交页面/账户
获得性媒体	在各大传统媒体中进行宣传插入 传统媒体中的评级与评论 消费者间的口碑、建议、推荐 消费者间产品展示与炫耀	在电子媒体中的宣传提及 在线口碑推荐 在线社区与社会化媒体中的帖子 在线评级与评论

资料来源：Stephen 和 Galak（2012）。

（四）一个新的媒体协同分类框架

之前关于媒体协同的分类主要有上述的线下媒体与线上媒体、传统媒体与社会化媒体，这种分类方法很难从统一的框架去审视媒体协同，针对不同的媒体组合所得结论更是不甚一致，很难用前后一致的理论去解释不同结论。本书试图从一个统一框架去理解媒体协同，达到对不同研究的一致解释。

1. 作为序列刺激的媒体协同分类

（1）序列刺激。消费者通过多种媒体接收各种各样的信息，这些信息在被消费者接收过程中，总是会呈现出一定的先后顺序。第一，消费者接收过程会呈现序列性。例如，某个新产品的信息发布，消费者可能先从电视广告中获知公司推出的该新产品，然后在某次浏览报纸或杂志时，在某一页面再次看到该新产品的平面广告。第二，企业信息发布也会呈现出序列性。在传统商业环境下，商家习惯于使用先后不同的媒体刺激策略，如TV—广播策略是商家一般很喜欢使用的媒体选择。在新的商业环境下，很多高科技企业也会选择适合自己的不同媒体序列刺激策略。例如，苹果手机的新产品信息发布，苹果公司会先通过发布会将信息暴露出来，然后通过其他媒体渠道传播。

（2）分类框架。本书将研究重心集中在从消费者层面了解多媒体刺激，认为多媒体刺激问题属于序列刺激问题。该研究问题关注于两次刺激间的差异对消费者认知所产生的影响。本书分别通过媒体内容、媒体形式两个维度分析每种媒体刺激，序列刺激问题就成为两次媒体刺激分别在内容、形式间的协同问题。那么，媒体序列刺激协同就可分为以下四类：两次刺激媒体内容相同且形式相同、内容相同但形式不同、内容不同但形式相同、内容不同且形式不同，具体分类类型如表2-4所示。

表2-4 媒体序列刺激类型分类

	形式相同	形式不同
内容相同	广告重复	多媒体协同
内容不同	重复变异	—

2. 广告重复

广告重复是一种媒体形式、内容均相同的序列刺激。在商业营销传播中，广告重复是商家习惯运用的一种营销传播策略，通过该手段不断强化产品信息。由于消费者在接收信息时总是会选择性注意，注意力成为稀缺的资源，因此，单次的广告播放无法保证广告能够被受众接收，通过广告重复可以增加受众到达率。

Berlyne 提出双因素理论来解释广告重复所带来的效应。该理论将多次广告刺激过程分为两个阶段，在这两个阶段，受众在认知上具有显著的差异。第一阶段是受众对于刺激信息的正向适应过程，称为 Wearin 过程。受众在初次接收到广告信息时，会有不确定感甚至抵触感，一定次数的广告重复可以减少受众的这种不确定感，令其逐渐适应新的广告信息刺激，可以达到良好的说服效果，产生良好的广告记忆（Berlyne，1970）。第二个阶段称为 Wearout 过程或疲劳过程。多次广告重复会激发受众的厌烦效应，刺激受众倾向于抵制信息接收，有意控制信息摄入量，会大大降低信息的有效性（Anand & Sternthal，1990；Blair & Rabuck，1998）。这说明广告信息的重复程度与信息的接收效果直接关系不是线性的，而是一个倒 U 形，在初期随着广告信息刺激的增加而加强广告效果，在激发消费者厌烦之后，广告信息接收效果会随着重复次数的增加而减弱。有实证研究也证实了这一点，信息接收效果在中度重复时最好（Harrison，1977；Sawyer，1974；Zajonc，1968），而高度重复时会有严重的疲劳效应（Cacioppo & Petty，1979；Calder & Sternthal，1980）。Anand（1990）等进一步发现信息难易程度调节广告重复与品牌态度之间的关系，信息处理难易程度越低，受众的正向适应过程越快，疲劳过程越提前。

除了上述双因素理论解释广告重复之外，还有最优唤醒理论。最优唤醒理论是由 McClelland 等于 1976 年提出的，旨在研究个体对外界的适应水平与外界刺激的差异对于个体唤醒水平的关系。个体适应水平指个体最近经常受到的刺激。当外界刺激适当地偏离个体适应水平时，个体会产生更加正面的情感；但是，如果刺激水平偏离个体适应水平过大，则个体会产生负面情感；同时，如果刺激水平与适应水平偏离程度过小，个体也不会产生正面的情感。总之，过大或过小的偏离水平都无法激发个体的最好水平情感，个体更关注、喜欢那些具有中等新奇与处理程度的刺激。这种最佳的情感状态就是最优唤醒水平。在广告重复中，完全相同的广告内容会让受众感到疲惫，因为相同的刺激水平不属于适当的偏离水平，无法激发受众的正面情感。

加工流畅性模型对广告重复的解释与上述解释相反（Seamon et al.，1995；Lee & Labroo，2004）。该模型用来解释基于内隐记忆的信息暴露效果，研究信息刺激类型、编码条件、暴露次数对受众认知与情感判断的关系。该理论认为，如果事先给个体某种信息刺激，那么个体在后续再次接受该信息刺激时，其信息加工过程会更加流畅；信息加工越流畅，越容易形成更积极的态度（Seamon et al.，1995）。因此，对于广告重复而言，首次广告刺激给予受众一个信息处理过程，在再次接受到重复刺激时，受众对广告信息处理更加容易、更加流畅，所以会对广告产生更加积极的态度。

总之，广告重复对于受众的认知既有其积极的一面也有消极的一面。综合其他实证文献，均将广告重复看作一个具有两阶段的过程。在初始阶段，重复的信息暴露会加强学习效应、亲切的态度与情感；在后续阶段，多次重复信息暴露导致过度学习效应，从而产生烦躁与负向情感（Berlyne，1970；Stang，1975）。Petty（1979）运用神经反馈案例进行了研究，发现暴露次数越多，支持性观点越多，而反对观点越少。总体来说，中间频次的信息暴露（两次或三次）比更低或更高频次的暴露产生更高的信息性。该结论也得到广告重复研究中关于眼动反应（Krugman，1968）、消费者注意力（Grass & Wallace，1969）、品牌态度（Gorn & Goldberg，1980；Naples，1979）等方面结论的支持。Pieters 等（1999）在研究纸质广告的重复中发现，在重复纸质广告刺激过程中，消费者的视觉注意力持续时间随着广告重复增加而变短。

3. 重复变异

重复变异是一种媒体形式相同，但传播内容不同的序列刺激。广告重复变异指从相同的媒体中获得多次广告刺激，这些广告内容具有一定的差异。由于单一的广告重复会导致厌烦效应，进一步产生消极的情感与广告认知。为了获得更好的广告效果，能否将厌烦效应降低或者消除呢？为了找出导致该效应产生的变量，许多研究进行了探索，从个体产品知识差异角度（Alba & Hutchinson, 1987），或者从个体支持论点或反对论点的期望视角研究（Batra & Ray, 1986）。

4. 多媒体协同

多媒体协同是传播内容相同，但媒体形式不同的序列刺激。各种各样的媒体形式差异均可能产生协同效应，如感知模式差异、信息负载量差异、信息发起源差异等产生的协同效应。本书认为，在线广播式与在线交互式之间的媒体形式差异同样会产生协同效应，这是一种新的媒体形式差异。在下文将对具体文献进行详细分析。

二、媒体协同的信息处理过程

认知信息处理理论为不同媒体协同的序列刺激过程提供了理论解释。第一次广告刺激后，消费者形成记忆痕迹。第二次广告刺激后，会发生三类认知处理活动：其一，对首次广告刺激形成的记忆痕迹进行检索，第二次广告信息为记忆检索提供了"引子""诱饵"。其二，对当前广告刺激信息的编码，包括深化理解、精致化两项认知活动，形成第二次记忆结构。其三，将第一次记忆痕迹与第二次记忆结构通过图式表征的方式，形成新的记忆结构（Edell & Keller, 1989）。

在整个序列刺激信息处理过程中，第一次刺激形成的记忆痕迹与当前广告信息刺激产生了交互作用。该交互作用决定了记忆痕迹信息的可恢复性（Edell & Keller, 1989），从而影响后续刺激处理活动。若第一次刺激与第二次刺激的刺激水平不同，能够分别形成不同层次的记忆结构，那么这种交互作用就会产生加强效应，即较低水平刺激加强较高水平刺激的效果。同时，第一次刺激形成的记忆痕迹与当前广告信息刺激的交互作用也可能会产生抑制作用。由于大脑的认知处理资源有限，当更多的处理资源用于第一次记忆检索时，就必然造成对第二次刺激的深化理解、精致化活动分配更少的处理资源（Edell & Keller，1989），此时第一次刺激对第二次刺激产生了抑制作用。所以，在不同媒体协同过程中，若第一次记忆检索比较容易，第二次刺激处理分配更多处理资源，那么两次刺激的交互作用表现为加强效应；若第一次记忆检索比较困难，那么交互作用表现为加强效应与抑制效应，但加强效应大于抑制效应。

三、媒体协同效果测量

（一）媒体暴露频次测量

产品信息的暴露频次是广告研究的重要领域，也是测量广告效果的有效工具。在当前的在线媒体研究中，虽然有研究认为在线媒体具有与传统大众媒体不同的特征，运用媒体暴露频次进行广告效果测量已不适用，但大部分学者仍然坚持使用该测量方法（Gallagher & Parsons，2001）。

运用媒体暴露频次进行媒体效果测量，在于确定某一时间段内所有暴露频次的广告信息的浏览机会，从而确定最终广告效果是来自多媒体组合测量的组合效应，而不是来自多媒体刺激环境下更高频次的重复暴露。有研究关注保持暴露频次不变的情况下，不同的电视、杂志、网络广告暴露频次组合对消费者的广告意识、品牌喜爱、购买意愿的不同影响（Havlena et al.，2007）。

（二）认知或行为意愿变量测量

除了上述的客观变量暴露频次之外，更多的关于多媒体组合的研究是为了观察其联合效果，从与消费者个体直接相关的认知变量、意愿、行为结果等方面出发进行测量，研究总结如表 2 - 5 所示。

表 2 - 5　认知或行为意愿变量测量

作者	研究方法	测量标准
Katherine 等（2001）	实验法	品牌意识、品牌态度
Kanso 和 Nelson（2004）	实验法	信息丰富度、购买倾向
Wakolbinger 等（2009）	实验法	广告信息回忆率、品牌回忆率
Chatterjee（2012）	实验法	认知回应、情感回应、行为倾向
谌楠（2011）	实验法	品牌资产
Wang（2011）	实验法	广告态度、品牌态度
Voorveld 等（2011）	实验法	广告态度、品牌态度、购买倾向
Voorveld（2011）	实验法	品牌态度、品牌回忆率
Briggs 等（2005）	案例分析	品牌意识、品牌形象、购买倾向、ROI
Harlena 等（2007）	案例分析	品牌态度、回忆率
Dijkstra 等（2005）	实验法	广告回忆、认知回应、品牌喜爱度、购买倾向
Tsao 和 Sibley（2004）	调查法	广告态度
Naik 和 Peters（2009）	案例分析	到店访问量

资料来源：李凤萍（2013）。

（三）本研究媒体协同效果测量

因无法对实际购买行为进行测量，所以本书选择产品记忆、购买意愿作为测量标准来验证媒体协同效应。在研究 1 中，将通过购买意愿测量其行为意向，初步确定在线广播式媒体与交互式媒体协同在行为意愿层面的存在性。在后续研究中，考虑到实验控制条件的有限性，采用产品记忆进行测量，从而研究在线广播式媒体与交互式媒体协同效应的存在性以及不同次序媒体协同的比较。

四、媒体形式差异产生的协同效应

关于两个或多个媒体之间是如何协同的问题，整合营销理论（IMC）指出在这些营销沟通工具之间存在复杂的相互作用（Smith et al.，2006）。但是，这种复杂的相互作用到底是什么，我们不得而知。广告重复与重复变异理论可以提供一些提示，二者与多媒体协同在本质上同属于媒体信息序列刺激问题，区别在于前者发生在同一媒体中，而后者发生在不同媒体间。广告重复理论指出完全重复的广告带来烦躁，而广告重复变异研究显示，变异的广告重复具有合力作用，可以产生更高的产品态度与认知，其合力作用来自具有内在连续性和一致性的内容差异。多媒体协同研究在不同的媒体上进行一致的品牌广告、促销等，具有一致的媒体内容，但是这种协同带来更高的品牌认知、购买意愿或销售量等其他营销结果。我们不得不推断这种协同作用来自不同媒体形式之间的差异，由于不同的媒体形式差异产生了更深层次或更强的认知结构，从而带来更高的认知与意愿。总之，无论是同一媒体上的不同广告内容差异，还是一致内容情况下的不同媒体形式差异，这种差异导致了更深层次或更全面认知结构的形成，产生了整体大于部分的效果。关于不同媒体协同研究不同的媒体形式差异带来的协同效应，研究文献主要关注以下三个方面的媒体形式差异。

（一）不同媒体通过感知模式差异产生协同效应

在多感官媒体协同过程中，一些媒体可以提供声音、动态视觉，另一些媒体形成视觉等其他感官刺激（Edell & Keller，1989）。早期研究显示，不同的媒体感官模式导致不同的认知、情感反应唤醒（Edell，1988），并且感官模式数量越多，沟通效果和学习效果越好（Jacoby et al.，1983；

Kisielius & Sternthal，1984）。有研究发现，消费者通过不同的感官如气味与图片两种感官提示使消费者对产品产生更高的品牌评价、广告回忆（Lwin & Morrin，2012）。另外，还可以通过视频媒体与声频媒体、视频媒体与平面媒体、视频媒体与网页展示分别产生协同作用，形成更多层次的认知结构和更高的广告记忆等（Edell & Keller，1989；Dijkstra et al.，2005；Voorveld et al.，2011）。总之，不同感官模式的媒体之间之所以存在协同效应，是因为其可以提供更多的编码通道，形成多层次认知结构，有利于通过多路径提取、激活记忆结构（Becker‐Olsen，2003），从而形成更高的产品记忆等。

（二）不同媒体通过信息量差异产生协同效应

不同的媒体形式会天然地具有携带信息量的差异，如纸质媒体与电子邮件。有研究指出，不同的信息量可以导致不同的心理激活水平，产生不同的产品评价（Keller & Staelin，1987），并且消费者偏好于选择提供更多信息的品牌，产生更高的评价（Patton，1981）。但是，随着产品或品牌提供信息量的增加，消费者也可能会降低其评价，因为过多的信息量导致认知资源枯竭（Sasaki et al.，2011）。有研究关注了网络横幅、纸质媒体、电子邮件三种媒体协同，发现三种媒体虽然有相同的感官模式，但由于不同的信息量差异，三者之间仍然存在协同效应，产生更高的品牌回忆与品牌态度（Chatterjee，2012）。

（三）不同媒体通过信息发起源差异产生协同效应

消费者接收不同媒体信息，针对不同发起源头的媒体，采取不同的基于图式的信息处理规则，如对商家发起媒体与第三方发起媒体采取不同的认知处理方式，媒体归属源差异导致了认知差异（Schudson，1984；Cameron，1994）。Warschawski（2003）发现类新闻信息或评论性内容与广告相比，提供了不同的源提示线索。所以，当具有不同特征信息发布源的媒体进行协同刺激时，消费者被激发，分配更多认知能力去理解信息，产生更强的产品态度和一种新的整合评价（Srull & Wyer，1989；Maheswaran & Chaiken，1991）。Wang 和 Nelson（2006）研究了广告、公共宣传两种不同发起源媒体所发布信息对消费者反应的影响，发现二者共同加强了信息推断性和购买意愿。

五、理论可能性

在不同媒体信息刺激之后，不同的感官模式、不同的信息量、不同的信息发起源等形式差异导致形成新的记忆结构，而新的记忆结构大于单独媒体形式产生的记忆结构，进而产生更高的消费者品牌回忆、品牌识别等。基于这些研究，我们提出另外一种不同媒体形式差异，通过产生更强记忆结构，从而形成更高产品记忆、产品识别以及其他一些消费者结果变量。这种不同媒体形式差异就是，当消费者接受在线单向广播式媒体与双向交互式媒体刺激之后，由于二者在是否交互方面存在差异，通过对信息的不同处理水平，形成更深层次的综合记忆结构，来影响消费者的产品回忆和产品识别。

在线广播式媒体包括企业主页网站、网络横幅、网络文本等，仅起到信息告知功能，不再进行深入沟通。即使是具有更强功能的电子邮件，也只是提供了深入接触的回复地址，仍然具有显著的信息沟通单向性特征（Andzulis et. al.，2012）。消费者在接受到这类媒体刺激后，往往选择忽略，没有明显的意识、思维参与信息处理。在线交互式媒体包括微博、网络社群、论坛等，具有信息沟通双向性特征（Gillin，2009），消费者可以通过双向交互进行口碑传播、问题解决等活动。消费者的交互甚至对销售过程、支付等产生了影响（Kaplan & Haenlein，2010）。消费者在网络社群中进行双向交互，自身产生交互内容，通过自我生成内容的方式记录自身与产品或服务的接触事件。在双向交互过程中，消费者需要对信息进行重新加工，这是一个完整的叙事过程，是在明显的意识和思维参与情况下进行的。那么，比较在线广播式媒体与在线交互式媒体，其本质区别在于消费者是否有显著意识与思维参与媒体信息的处理过程。Bobrow 和 Bower（1969）发现个体在形成信息过程中，有意识参与情况下较无意识情况下具有更高的信息处理水平。其他研究也发现，当主动意识参与信息加工时，大脑对信息的处理水平就变得更高了（Hulstijn，1992；Stevick，1976；Mondria & Boer，1991）。所以，我们认为，在线广播式媒体导致消费者低水平信息处理，而在线交互式媒体导致消费者高水平信息处理，二者的形式差异（不交互、交互）导致了信息处理水平的差异，不同处理水平会形成不同层次的认知结构。

第三章
研究构思与设计

一、研究的理论框架

本书提出，当消费者先后接受在线广播式媒体（B）与交互式媒体（I）的序列刺激后，即在线广播式与交互式（B-I）或在线交互式与广播式（I-B），将会产生更高的产品记忆、购买意愿。认为这种序列刺激会产生协同效应，是因为这种序列刺激具有不同的信息处理水平，导致消费者产生了更深层次的综合认知结构。消费者接受序列刺激后，在线广播式刺激会加强交互式刺激的作用，从而形成更加精致的深层认知结构，且大于二者单独形成的认知结构算术之和，具体研究框架如图3-1所示。

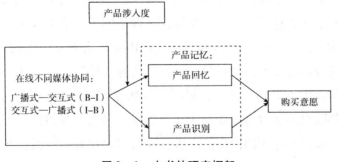

图 3-1　本书的研究框架

二、研究1的构思与设计

(一) 设置理由与研究目的

已有关于不同形式媒体的协同效应关注了信息源差异、感官模式差异、信息量差异等形式，本书初步验证广播式媒体与交互式媒体形式差异产生的协同效应在行为层面的存在性。研究 1 是行为层面的研究，为后续的四个研究提供了行为层面的论据，奠定了后续媒体协同研究对于心理变量推断的基础。

先有研究 1 提供行为层面的论据，作为在线广播式媒体与交互式媒体协同效应存在的行为与现象检验，进而才有后续分析媒体协同对心理变量作用机制的必要性。在本书中，如果在广播式媒体广告信息与交互式媒体广告信息联合刺激下，被试在购买意愿方面具有很强的加强效果，符合协同效应的条件，在后续研究中就可以推断该效果是来自其心理变量的某种加强，因为从"刺激"到"心理变量"、"心理变量"到"反应"的研究回路是符合研究逻辑的。

研究 1 的目的是验证 H1，通过观察在线广播式媒体广告与交互式媒体共同刺激对购买意愿的作用，初步验证两种不同处理水平媒体协同效应的存在性。为了检验广播式媒体、交互式媒体的形式差异产生的协同效应，必须控制两方面的影响因素：其一，保证两种媒体广告内容相同，消除信息内容不同产生的影响；其二，保证个体接受相同次数的广告信息刺激，否则无法排除刺激次数对因变量变化的影响。因此，我们选择了实验法来进行研究，通过制作相同内容的广告，进行相同次数的刺激，在不同媒体平台形式上展示，从而达到研究目的。

（二）研究假设

1. 传统媒体协同对于购买行为的影响

不同媒体营销活动之间具有交互作用，这类研究属于多媒体协同范畴，主要集中在：第一，传统线下多媒体协同研究发现协同对购买意愿产生正向影响。例如，电视广告与广播广告二者联合可以提高听众购买意愿（Edell & Keller，1989），电视与印刷广告等其他平面媒体协同也可以提高消费者的品牌意识和购买意愿（Cardarelli & Montigny，2007；Dijkstra et al.，2005；Havlena et al.，2007）。Jagpal（1981）研究了商业银行的广告协同，发现广播和报纸广告之间同样存在协同作用，这样会提高受众的媒体消费量。第二，传统线下媒体与线上媒体协同对购买意愿作用的研究结果不尽相同。Chang 和 Thorson（2004）的研究发现，电视和网页广告的协调导致更高的感知信息信任、更积极的产品想法。但是，一些研究却发现电视媒体、平面媒体、在线横幅组合对购买意愿的作用不存在（Dijkstra et al.，2005；Havlena et al.，2007）。总之，传统媒体相互之间具有加强作用，无论是对产品销售量、店面访问量，还是广告点击量，均有显著的相互加强作用。

2. 在线多媒体协同

在线多媒体协同对购买意愿作用方面的研究较少，Abraham（2008）对在线展示广告和在线搜索广告的研究显示，采用两种广告方式增加了在线和离线的销售量。虽然没有关于在线多媒体协同的直接研究，但是不同在线多媒体之间存在相互作用，如有研究关注了获得性社会化媒体（如在线口碑、在线社群等）、获得性传统媒体（如专业化博客）对小额贷款市场的影响，前者对后者具有推动作用（Stephen & Galak，2012）。

获得性媒体指一个公司不能直接产生的媒体行为，如传统出版物中提及某公司或产品，或者通过在线消费产生的社会化媒体传播网络论坛、社群帖子。那么，作为当前应用广泛的社会化媒体，它作为公司获得性媒体的一种形式，如何同其他在线媒体产生协同效应呢？从公司角度出发，将媒体分为获得性媒体、付费媒体（广告）、自有媒体（自有网站、信息暴露点等）。已有研究分别指出了付费媒体、自有媒体等媒体具有影响市场绩效的作用，消费者产生的在线评论也会影响销售额（Chevalier & Mayzlin，2006），甚至一些负向公关也会产生积极的营销作用（Ahluwalia et al.，2000；Berger et al.，2010）。但是，这些研究都是单独研究其对销售的影响，关于彼此间的共同作用则没有涉及。还有一些研究关注了某一类媒体工具之间的关系，研究其对互联网广告的影响（Danaher，2007；Danaher et al.，2010），未正面对在线媒体协同进行研究。

3. 媒体协同效应存在性

关于媒体协同效应存在性的验证，本书采用 Tang 等（2007）关于媒体促销活动间协同效应存在性的检验方法。该方法用以研究促销活动中的电视媒体、纸质媒体间的联合促销运动，检验了它对于消费者的注意、信息可信度、记忆、态度的影响以及对后续消费者内容浏览行为的作用，发现两种媒体间的跨媒体促销比单独媒体使用产生更高的消费者注意、信息可信度等认知水平以及更高频次的内容浏览行为。为了验证电视媒体（T）与纸质媒体（P）间的促销协同效应，采用内部效度更高的实验法进行研究，构建了四个实验组：①T – P 组：被试初始接受目标电视促销刺激，再接受目标纸质媒体促销刺激；②P – T 组：被试初始接受目标纸质媒体促销刺激，再接受目标电视促销刺激；③P – P 组：被试接受两次目标纸质媒体促销刺激；④T – T 组：被试接受连续两次目标电视促销刺激。

Tang 等进行的验证媒体协同效应的实验法，有以下三个准则：①为了按照定义验证媒体协同效应的存在，即"1 + 1 > 2"，研究者将实验设置为四个组。其中，T – P 组与 P – T 组代表媒体协同，即"1 + 1"部分，而P – P 组与 T – T 组代表单独媒体刺激部分"2"。因此，通过比较 P – T 组、T – P 组构建的协同组在因变量上的值与 P – P 组、T – T 组构建的单独组在因变量上的值，可以验证电视媒体与纸质媒体促销协同效应的存在性。②实验之所以设计 P – T 组与 T – P 组，是为了消除电视媒体、纸质媒体在协同刺激过程中先后顺序对因变量带来的干扰，将媒体刺激顺序排除在组间因素之外。③实验之所以设计 P－P 组与 T－T 组，让被试同时重复接受两次电视促销刺激或两次纸质媒体刺激，是为了让单独媒体组（P－P、T－T）刺激次数与媒体协同组（P－T、T－P）刺激次数相同。这样操作可以消除媒体刺激次数给因变量带来的影响，将媒体刺激次数排除在组间因素之外。总之，通过上述三个实验设计准则进行实验设计，在设计的组间实验中，只有媒体相互作用成为了本书的组间因素，即电视媒体与纸质媒体的交互作用，从而达到研究目的。因此，本书采纳这种媒体协同效应验证方法，通过实验设计验证媒体协同效应的存在性。

本书将被试分为四组，每组均接受两次媒体广告刺激，分别为：①B－I组：被试先接受广播式媒体刺激，再接受交互式媒体刺激；②I－B组：被试先接受交互式媒体刺激，再接受广播式媒体刺激；③B－B：被试先后接受两次广播式媒体刺激；④I－I：被试先后接受两次交互式媒体刺激。为了比较协同组、非协同组间的差异，并将两种媒体的先后次序因素在组间排除掉，我们重新构建了：协同组［(B－I)&(I－B)］、非协同组［(I－I)&(B－B)］，比较两组在结果变量上的差异，若前者显著大于后者，表示协同效应存在（Tang et al.，2007）。在研究 1 中，通过比较两组间购买意愿的差异，验证媒体协同效应的存在性。

所以，研究 1 基于前述关于媒体刺激与购买意愿及行为的文献，以及媒体协同效应验证方法，假设在线广播式媒体与在线交互式媒体的协同对消费者购买意愿有正向作用，假设如下：

H1a：在线广播式与在线交互式协同刺激比两次单独刺激对购买意愿作用大。

H1b：在线广播式与在线交互式协同刺激比广播式单独刺激对购买意愿作用大。

H1c：在线广播式与在线交互式协同刺激比交互式单独刺激对购买意愿作用大。

（三）研究内容

本书通过验证在线不同媒体协同对购买意愿的作用，初步研究协同效应的存在性，具体研究框架如图 3 - 2 所示。

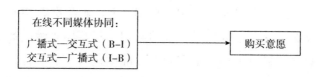

图 3 - 2 媒体协同与购买意愿

研究 1 是基于消费者行为意愿层面验证在线广播式媒体、在线交互式媒体之间的协同效应的存在性，研究内容关注媒体协同组是否比非协同组对购买意愿产生更大的作用。

三、研究2的构思与设计

（一）设置理由与研究目的

在研究 1 中，我们初步验证了在线广播式媒体与交互式媒体在行为意愿层面的协同效应。为了分析该协同效应的内在机制，研究为什么广播式与交互式两次广告刺激之间会产生协同效应十分重要。为此，一方面需要界定两次广告刺激的特征；另一方面需要界定两次刺激间的关系，即两种媒体间的相互作用。通过研究 2 验证 H2，探讨在线广播式与在线交互式媒体协同效应存在机制。

关于两次媒体刺激间的关系，我们认为，两次媒体刺激必须发生某种相互作用，二者之间的媒体协同效应才能存在。之前研究从学习效应、双因素理论、检索提示等视角研究了多次媒体广告刺激问题，无论是学习效应中的再次唤醒加强，还是记忆检索理论的检索提示效应，均指出两次刺激直接发生了相互作用。因此，我们推断广播式广告刺激与交互式广告刺激之间，只有在发生相互作用的情况下才会产生协同作用，而无相互作用情况下则没有协同作用，在研究 2A 中我们将探讨两次广告刺激是否相互作用对产品记忆的影响。为了达到该研究的目的，我们将两次媒体刺激是否相互作用作为一个组间因素，设置了有相互作用组与无相互作用组，通过比较两组差异，验证广播式媒体、交互式媒体相互作用是二者协同效应存在的一个必要条件。

关于两次媒体广告刺激特征及其特征间的关系，我们认为只有两次处理水平有差异的广告刺激才能产生协同效应。之前的研究分别关注了不同媒体之间在媒体信息内容、媒体信息形式两方面的差异，并指出这些差异的存在导致不同媒体间产生的协同效应。通过理论与文献分析，我们认为在线广播式媒体与交互式媒体在传播信息形式方面存在显著差异，这两种不同媒体形式之间会产生协同效应。在研究 2B 中将探讨两次广告刺激处理水平是否有差异对产品记忆的影响。因此，我们将两次媒体刺激处理水平差异作为一个组间因素，设置了有差异组与无差异组，通过比较两组差异来验证广播式媒体、交互式媒体的处理水平差异是二者协同效应存在的一个必要条件。

（二）研究假设

在不同媒体中，不同的信息处理水平会形成不同的记忆结构，处理水平越高，复杂而抽象的语义分析程度越高，越有利于信息在长时记忆中的保持（Craik & Lockhart，1972）。本书将在线广播式媒体作为一种一对多的广播模式，而将在线交互式媒体作为一种多对多的交互模式，二者在信息与受众间的交互模式上存在巨大差异。这种互动模式上的巨大差异带来受众记忆、态度等方面的不同水平。

之前研究显示，消费者接受在线广播式媒体刺激后，总是选择性注意或忽略，只有极小一部分消费者真正处于广告信息暴露之下，记住了广告内容，包括产品品牌（Chan，2008）。Dr`eze 和 Hussherr（2003）指出，超过一半的在线用户对在线网络广告不予注意，大部分在线用户均选择了忽略或者逃避接触网络广告。在线用户表现出这样的行为特征主要来自两方面的原因：其一，在线用户认知系统中有限的认知资源限制（Johnston & Dark，1986）；其二，用户在互联网使用过程中有其自身的目标，如信息搜索、视频观看等，具有目标导向与任务导向（Eighmey，1997）。所以，在非交互的互联网环境下，用户在无意识状态下形成浅层记忆或者内隐记忆（Shankar & Hollinger，2007；Chan，2007）。

消费者在接受交互式媒体刺激后形成深层记忆、自传体记忆。例如，消费者在社会化媒体中通过与同伴进行产品交流，或者进行某次消费体验的状态发布（Wang et al.，2012）。一方面，这些发布内容是由消费者通过文本的形式产生的，把内在想法通过语言化表达，可以激发更高语义分析等认知活动以及更好的记忆和说服效果（Wright，1980）。另一方面，这些发布内容或者描述自身消费经历，或者评价同伴发布内容，是消费者记忆或内在想法的文本表现，都是围绕着"自我"而进行的图式编码。这类以事件和时间轴为中心的内容形成了消费者关于产品或服务、生活场景、自我的自传体记忆。自传体记忆具有不同于其他记忆的储存与保留规律，保留时间很长，很难遗忘。总之，广播式媒体由于浅层信息处理水平形成较浅的内隐记忆，而交互式媒体由于深层信息处理水平形成深层自传体记忆。本书假设在线交互式媒体比广播式媒体对品牌回忆的作用大。

很多学者认为，通过不同渠道信息呈现方式来呈现信息，会导致消费者大脑中更高的信息记忆量和记忆痕迹（Janiszewski，1998）。在线广播式媒体与交互式媒体协同刺激，由上述序列刺激信息处理过程可知，由于不同的信息处理水平差异，序列刺激的交互作用表现出加强效应。广播式媒体与交互式媒体协同刺激的交互作用来自两方面：第一，在线广播式媒体刺激形成内隐记忆，通过第二次交互式媒体刺激，激活内隐记忆的启动效应。内隐记忆在没有外在刺激提示作用下会保持沉默，只有在其他刺激提示之下，由于启动效应而表现出来（Tulving & Schacter，1990；Johnston & Dark，1986）。例如，消费者通过浏览网页等广播式媒体形成关于某产品或品牌的内隐记忆，通过在社会化媒体中与他人讨论，受到关于该产品或品牌信息刺激，将沉默的内隐记忆激活，进一步形成外在记忆。第二，在线交互式媒体刺激形成自传体记忆，通过第二次广播式媒体刺激，加强自传体记忆；在线广播式媒体刺激形成内隐记忆，然后接受第二次交互式媒体刺激，通过对内隐记忆的检索，加强对交互式刺激信息的理解与精致化，形成加强效应（Edell & Keller，1989；Chatterjee，2012）。所以，经过在线广播式媒体与交互式媒体的协同刺激，消费者会形成更强的产品记忆，并且大于二者单独产生的产品记忆，即二者之间存在协同效应，假设如下：

H2a：在线广播式与在线交互式两次刺激之间有相互作用情况下协同效应存在。

H2b：在线广播式与在线交互式两次刺激之间无相互作用情况下协同效应不存在。

H2c：有相互作用情况下协同刺激作用显著大于无相互作用下协同刺激作用。

H2d：在线广播式与在线交互式两次刺激之间有处理水平差异情况下协同效应存在。

H2e：在线广播式与在线交互式两次刺激之间无处理水平差异情况下协同效应不存在。

H2f：有处理水平差异情况下协同刺激作用显著大于无处理水平差异情况下协同刺激作用。

（三）研究内容

本书通过验证媒体协同对产品记忆的协同作用，验证在线不同媒体协同效应的存在机制，具体的研究框架如图 3-3 所示。

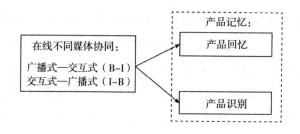

图3-3　媒体协同与产品记忆

　　研究2是基于内在认知变量进行的研究，验证在线广播式媒体、在线交互式媒体之间协同效应存在的内在机制，即两个必要条件，两种媒体之间通过产品记忆变量的加强产生协同效应，主要内容有：

　　（1）验证在线广播式媒体、交互式媒体之间相互作用是产生协同效应的必要条件。

　　（2）验证在线广播式媒体、交互式媒体之间处理水平差异是产生协同效应的必要条件。

四、研究3的构思与设计

（一）设置理由与研究目的

　　在研究2中我们通过验证在线广播式媒体与交互式媒体协同效应存在两个必要条件，研究了二者协同的内在机制。根据理论推导，认为广播式媒体与交互式媒体之间不同先后顺序的协同效应存在差异，所以，我们通过研究3验证在线广播式媒体、交互式媒体不同顺序媒体协同的差异以及这种差异产生的机制。

我们认为，上述差异是由对首次媒体广告记忆检索的认知资源分配量差异导致的。因此，将首次广告信息认知资源分配水平作为一个组间因素，设置了高水平组、低水平组，通过操控该认知资源分配水平（高水平、低水平）来观察不同次序媒体协同的差异。通过比较两实验组的被试记忆水平差异，验证不同的分配水平产生不同的协同效应。

（二）研究假设

在线广播式媒体与交互式媒体的不同次序协同刺激（B-I、I-B），在信息处理过程中会有差异，对产品记忆产生不同的作用。在两种不同次序协同刺激下，广播式媒体刺激对交互式媒体刺激效果均有加强效应，但在线交互式—广播式协同（I-B）比在线广播式—交互式协同（B-I）多了一种抑制效应。

正如上述协同效应存在性验证部分所述，两种不同次序协同刺激带来了加强效应。但是，由于抑制效应的存在，导致不同次序媒体的协同效应表现出不同效果。在在线交互式—在线广播式协同（I-B）条件下，由于交互式媒体高信息处理水平形成更深的记忆痕迹，更多的认知资源被分配用于检索该记忆痕迹，将更少的认知资源分配到广播式媒体刺激信息处理活动中（理解和精致化），所以产生了对广播式媒体信息刺激的抑制效应（Edell & Keller，1989）。在在线广播式—在线交互式协同（B-I）条件下，由于广播式媒体的低信息处理水平形成较浅的内隐记忆，当消费者接受后续交互式媒体信息刺激后，只有较少的认知资源被分配到检索内隐记忆活动中，所以并未产生对后续交互式媒体信息刺激的抑制效应。因此，我们假设在线广播式—交互式协同（B-I）比在线交互式—广播式协同（I-B）对产品记忆的作用更大。假设如下：

H3a：先在线广播式后交互式刺激（B-I）比先在线交互式后广播式刺激（I-B）对产品回忆的作用大。

H3b：先在线广播式后交互式刺激（B-I）比先在线交互式后广播式刺激（I-B）对产品识别的作用大。

（三）研究内容

本书通过比较不同次序媒体协同的协同效应，验证不同协同策略对产品记忆的差异，具体的框架如图3-4所示。

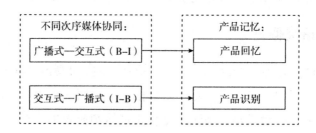

图3-4 不同次序媒体协同产品记忆

研究3验证了广播式—交互式、交互式—广播式的协同效应差异，即不同媒体顺序对协同效应的影响。主要内容有：

（1）验证在线广播式媒体—交互式媒体协同效应大于在线交互式媒体—广播式媒体协同效应。

（2）验证首次广告记忆检索认知资源分配水平是形成不同顺序媒体协同效应差异的原因。

五、研究4的构思与设计

（一）设置理由与研究目的

在研究1、研究2和研究3中，我们验证了在线广播式媒体、交互式媒体的协同效应，及其不同次序媒体协同效应的差异。为了界定该媒体协同效应的作用边界，引入了产品涉入度作为调节变量进行分析。本书分析产品涉入度对在线广播式媒体、交互式媒体二者协同效应的调节作用，即产品涉入度对 H2 的调节作用。在研究 4 中将验证该调节作用及其内在机制。

不同的产品涉入度导致个体对目标信息投入不同的认知资源量，在接受不同媒体刺激过程中，不同的认知资源投入量产生不同的媒体协同效应。因此，我们在研究 4A 中设置了不同涉入度的产品类型，通过比较高、低产品涉入度实验组的协同效应，验证不同产品涉入度对协同效应的调节作用。为了验证认知资源投入水平是该调节作用存在的原因，在研究 4B 中将认知资源投入水平作为一个组间因素，分别设置了高投入水平、低投入水平实验组，通过比较两组差异来验证调节作用存在的内在机制。

（二）研究假设

产品涉入度是消费者对于产品的重视程度以及愿意付出更多时间、精力等资源进行相关信息处理的内在心理动机状态。当消费者对产品的涉入度越高，精致化处理可能性越高，那么越多的认知资源会被分配到当下信息处理话题中（Petty & Cacioppo，1986）。在不同的产品涉入度情况下，大脑将不同的认知资源分配到当下的信息处理活动中，进而产生产品记忆等营销结果。

本书检验产品涉入度对 H2 的调节作用，预计消费者在高产品涉入度情况下会具有更高的产品记忆。消费者面对高涉入度的产品会采取中央处理路线，激发更高的动机去处理产品相关信息，对产品属性进行深入思考，处理更加精致化，从而形成产品信念、品牌态度、购买意愿等。消费者在该条件下进行高水平的信息处理，就会有更大量的认知处理资源与之匹配（Keller & Block，1997；Coulter & Punj，2004）。相反，消费者面对低涉入度的产品会采取边缘处理路线，调动更低的信息处理动机关注边缘化的非产品信息，形成对非产品信息肤浅的想法，几乎不进行精致化处理，从而形成非产品信念、广告态度、购买意愿等。因此，产品涉入度（高、低）对在线广播式与在线交互式媒体协同效应具有调节作用，假设如下：

H4a：高产品涉入度比低产品涉入度对产品回忆产生更大的协同效应。

H4b：高产品涉入度比低产品涉入度对产品识别产生更大的协同效应。

（三）研究内容

本书通过比较在不同产品涉入度情况下在线不同媒体的协同效应，验证产品涉入度对在线不同媒体协同效应的调节作用，具体的框架如图 3 - 5 所示。

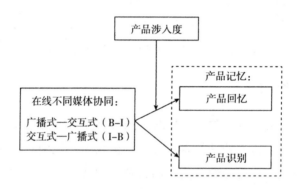

图 3 - 5　产品涉入度对协同效应的调节作用

研究 4 验证产品涉入度对在线广播式媒体、交互式媒体协同效应的调节作用，即产品涉入度对 H2 的调节作用。因此，本书分别比较了在不同涉入度情况下的媒体协同效应，以及将产品涉入度操控为不同认知资源投入水平情况下的协同效应，研究的主要内容有：

（1）在不同产品涉入度情况下，验证在线广播式媒体、交互式媒体协同效应的差异。

（2）在不同认知资源投入水平情况下，验证产品涉入度对在线广播式媒体、交互式媒体协同效应调节作用的内在机制。

六、研究5的构思与设计

（一）设置理由与研究目的

前述部分验证了在线多媒体协同效应的存在，比较了不同次序媒体协同产生的协同效应差异，并且预测 B－I 协同比 I－B 协同产生更大的产品记忆结果。在本部分，我们将讨论产品涉入度如何调节不同次序媒体协同与协同效应差异的关系，即对 H3 的调节作用。

本书为了验证产品涉入度（高、低）对不同媒体协同方式产生协同效应差异的调节作用，我们选择了手机作为高涉入度产品、中性笔作为低涉入度产品，通过比较不同产品涉入度情况下的 I－B、B－I 的协同效应差异，从而验证其调节作用。为了进一步分析产品涉入度调节作用的内在机制，根据理论推导，认为高产品涉入度比低产品涉入度令被试投入了更多的认知资源，从而 I－B、B－I 两组协同效应差异较小。因此，在研究 5b 中，将产品涉入度操作为一个组间因素，验证了其调节作用的存在机理。

（二）研究假设

不同的认知资源分配导致序列刺激过程中首次刺激与后续刺激对认知资源的竞争程度，从而影响两次刺激之间抑制效应的强度，而这正是不同次序媒体协同效应差异的原因所在。不同次序媒体协同（B－I、I－B）由于不同次序导致了两次刺激抑制效应差异，从而产生了协同效应差异。高产品涉入度会使消费者分配大量认知资源到序列刺激信息处理活动中（Brown et al.，1998），越多的认知资源付出，交互式媒体刺激形成记忆的检索活动与广播式媒体信息处理活动对认知资源的竞争程度越弱，抑制效应越小。高涉入度产品在广告信息刺激条件下，大量的认知资源用来进行序列刺激信息处理活动，两次刺激对认知资源的竞争程度很弱，以致抑制效应几乎不显著了。所以，我们假设在高产品涉入度情况下，不同次序媒体协同（B-I、I-B）之间的协同效应无显著差异。相反，低产品涉入度会使消费者分配少量的认知资源到序列刺激信息处理活动中（Brown et al.，1998）。由于更加稀缺的认知资源，检索交互式媒体刺激所形成的记忆与处理后续广播式媒体信息对认知资源的竞争程度变得更加剧烈，相互间的抑制效应更大。在低涉入度产品广告信息刺激条件下，比较两种不同次序媒体协同（B-I、I-B），二者协同效应差异更大。基于上述分析，产品涉入度（高、低）对不同次序协同方式与协同效应差异关系具有调节作用，假设如下：

H5a：在高产品涉入度情况下，先广播式后交互式（B-I）与先交互式后广播式（I-B）对产品回忆的作用无显著差异。

H5b：在高产品涉入度情况下，先广播式后交互式（B-I）与先交互式后广播式（I-B）对产品识别的作用无显著差异。

H5c：在低产品涉入度情况下，先广播式后交互式（B-I）比先交互式后广播式（I-B）对产品回忆的作用大。

H5d：在低产品涉入度情况下，先广播式后交互式（B-I）比先交互式后广播式（I-B）对产品识别的作用大。

（三）研究内容

本书通过分别比较高、低产品涉入度条件下不同次序媒体协同效应，验证产品涉入度对不同次序协同的调节作用，具体的框架如图3-6所示。

研究5验证产品涉入度对在线广播式媒体、交互式媒体的不同次序协同效应差异的调节作用，即产品涉入度对H3的调节作用。因此，本书分别比较了不同涉入度情况下的媒体协同效应，以及将产品涉入度操控为不同认知资源投入水平情况下的协同效应，研究的主要内容有：

（1）在不同产品涉入度情况下，验证在线广播式媒体、交互式媒体不同次序协同效应差异。

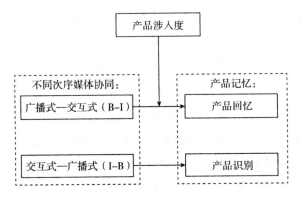

图 3 − 6　产品涉入度对不同次序媒体协同的调节作用

（2）在不同认知资源投入水平情况下，验证产品涉入度对该差异调节作用的内在机制。

七、研究整体框架

本书探讨在线广播式媒体与交互式媒体协同效应的产生机制以及对购买意愿的作用机制。具体内容包括：

（1）探讨在线广播式媒体与交互式媒体协同对购买意愿的作用。

（2）探讨不同在线媒体形式差异产生协同效应的机制，即不同媒体刺激是否相互作用、是否具有不同处理水平对协同效应产生的作用。

（3）探讨不同次序媒体协同效应的差异。

（4）探讨不同产品涉入度对不同媒体协同效应大小的调节作用。

（5）探讨不同产品涉入度对不同次序媒体协同效应差异的调节作用。

我们在研究 1、研究 2 中检验 H1、H2，验证在线多媒体协同效应的存在；在研究 3 中检验 H3，验证不同次序媒体协同的差异；在研究 4、研究 5 中检验 H4、H5，验证产品涉入度对在线多媒体协同的调节作用。在研究 1 中，检验了在线广播式—交互式媒体（B-I）、在线交互式—广播式媒体（I-B）分别对购买意愿的作用，初步确定了两种媒体之间协同效应的存在。为了进一步检验协同效应的存在机制，在研究 2 中进行了逐一验证。在研究 2 中，验证了广播式媒体与交互式媒体是如何通过两次有差异的刺激相互作用对产品记忆产生作用的。总之，在研究 1、研究 2 中通过验证 H1、H2，检验了在线广播式媒体与交互式媒体间协同作用的存在性。在研究 3 中，比较不同次序协同（B-I、I-B）的效果差异。在研究 4、研究 5 中，检验了产品涉入度对协同作用大小的调节作用（H4），即产品涉入度对 H2 的调节作用，以及对不同次序协同效果差异的调节作用（H5），即产品涉入度对 H3 的调节作用。本书总体概览如图 3-7 所示。

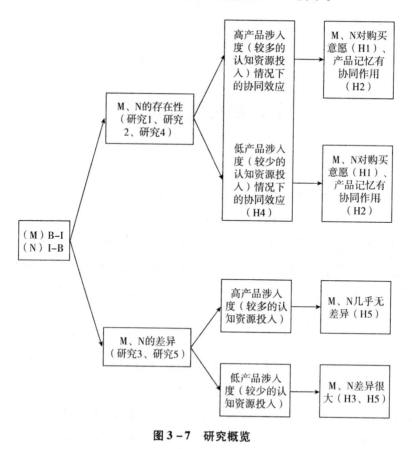

图 3-7　研究概览

第四章
研究 1：不同媒体协同对购买
意愿的作用研究

一、实验目的与实验设置

研究 1 通过比较两组间购买意愿的差异，验证媒体协同效应的存在性。本书选择了 128 名在校大学生作为被试，通过参与实验获得学分。研究 1 设计了一个 2（是否协同：协同组、非协同组）的组间设计。将被试随机平均分配到四个组：广播式—交互式（B-I）、广播式—广播式（B-B）、交互式—广播式（I-B）、交互式—交互式（I-I），每个被试均接受两次媒体刺激。将（B-I）、（I-B）构建为协同组（B-I & I-B），将（I-I）、（B-B）构建为非协同组（I-I & B-B），以比较两个组间的差异。

二、实验刺激物

研究 1 的实验刺激物为网页展示广告，在线广播式媒体广告通过将某产品广告内置于某虚拟公司网页来实现，在线交互式媒体广告通过将某产品广告内置于某虚拟产品论坛网页来实现。因此，实验刺激物包括产品广告、实验网页、各实验组所需网页广告组合制作三部分。

（一）产品广告制作

实验刺激物均为平面静态产品广告，包括图片和文字两部分，文字部分由产品广告主张组成。我们选择了 28 名学生参与完成实验产品广告制作，产品广告制作过程主要包括三方面内容：

1. 目标产品选择

由于实验被试是在校大学生，从 20 种被试接触比较频繁的产品中选择 4 种产品，作为后续实验刺激广告的目标产品。让 28 名被试从 20 种产品中分别选择两种高涉入度产品、两种低涉入度产品。通过统计出现频次最高的产品，手机和电脑被选择为高涉入度产品，中性笔和洗衣液被选择为低涉入度产品，这四种产品被选择为实验目标广告产品。在研究 1 中，实验广告目标产品是手机。

2. 目标产品广告图片选择与制作

首先，为了减少已有品牌熟悉度对实验结果的影响，选择某过时手机图片作为目标搜索对象。在研究 1 中，选择手机作为目标产品，通过 Google 搜索引擎搜索某手机品牌的系列广告图片。在所有相关图片中，去掉单独手机呈现的广告图片，选择"人物＋手机"展示图片，这符合一般的手机广告类型，并且可以有效地吸引被试的实验投入度。我们选择了 6

张"人物＋手机"广告图片。其次，为了减少已有品牌知识与经验对实验结果的影响，我们制作虚拟品牌作为本次实验品牌。因此，将 6 张图片中明显的图标、Logo 等进行处理。最后，将 6 张手机图片进行了统一规格的拼接、渲染处理，以保持大小一致，适应于网页内置图片规格要求。实验1 所选择的手机图片最终效果如图 4－1 所示。

A：手机图片

B：手机图片

图 4－1　研究 1 实验图片

3. 广告产品主张制作

（1）进行产品主张材料制作，包括 1 条标题、16 条产品主张。本次分别为实验虚拟品牌手机图片 A、B 制作了 8 条产品主张，共得到 16 条产品主张，即手机具有两个版本的产品主张。这些产品主张的来源主要有两个：一方面，通过网络搜索目标手机的以往广告主张与产品主张，进行重新改写；另一方面，组织研究小组进行产品主张创作。所有产品主张均经过研究小组成员润色与评价。除了 16 条产品主张外，另由研究小组拟定 1 条标题，标题内容包括手机名称和价值主张。

（2）进行产品主张重要性评价。通过问卷调查收集产品主张重要性评分（1 = 对我一点都不重要，7 = 对我十分重要），要求被试就上述产品主张进行重要性评价。本次共发放了 58 份调查问卷，去掉 5 份填写不合格问卷，得到有效问卷 53 份。

（3）按照重要性均值得分从高到低的顺序排列，将得分过低的产品主张予以剔除或重新改写，最终保证 16 条产品主张均获得较高的重要性评价。研究 1 实验广告产品主张重要性评价如表 4 - 1 所示。

表 4 - 1　研究 1 手机广告产品主张重要性评价

产品主张	重要性评价均值	所在位置
独特内外双屏智能感应触控，透明翻盖外屏，翻合间独享双重智能操控体验	5.60	A 图片下方 1
高清晰超流畅的 CMMB 手机电视功能，精心配备外置天线，确保信号强大稳定，多套节目随时贴身收看	6.27	A 图片下方 2
更多即时录放功能，32GB 超大扩展内存，可在处理多重任务的同时长时间录制电视节目	5.32	A 图片下方 3
接听来电时，Dis - 80 也能自动录制电视节目以供回放，确保记录每一历史时刻、关键赛事，精彩瞬间，绝无错过	5.67	A 图片下方 4
整合全套移动应用，一键开启，财经股市、文本扫描、收发邮件等功能均汇聚于此，把握时势，任风云变幻，唯实干领先	6.54	A 图片下方 5
Dis - 80 支持 720p 像质高清晰播放影音视频，贴身携带您的重要视频文件，辅以出色的音质透过扬声器传达，随时随地体验前所未有的视听感受	6.33	A 图片下方 6

续表

产品主张	重要性评价均值	所在位置
Dis-80更支持RMVB/RM视频格式，让您尽享网络视频资源。内外双屏均可操控播放流程，齐享超大屏幕炫丽观感	6.06	A图片下方7
3G/WLAN（WAPI/WIFI）高速互联网接入，资讯突破疆域限制，伴您驰骋网络世界	6.82	A图片下方8
独有的透明翻盖设计，奇妙的电阻触屏，操控精准，笔笔随心，翻合之间，为您带来双重精妙体验	5.22	B图片下方1
CMMB手机电视，节目清晰流畅，更有即时录放功能，精彩节目绝无错过	4.76	B图片下方2
内/外双屏均可操控手机电视节目，横/纵屏自动切换，各种方式观赏绚丽影音，视听资讯，从此尽收眼底	5.12	B图片下方3
一键开启全套智能应用，文本/名片全能王，仅需用手机拍照，即可将传统纸媒文字迅速转化为电子文档，更能自动将名片内容载入通讯簿，识别精准快捷	6.56	B图片下方4
Quickoffice可浏览编辑Word、PPT、Excel、PDF等多种格式文件，更支持手机证券等多种应用	6.35	B图片下方5
Dis-80配备业界领先的智能手写输入技术，连笔草书识别，更加高效快速，灵感由您挥洒，天地任您写意	6.78	B图片下方6
支持720p高清晰视频播放，锐利影音震撼呈现	5.34	B图片下方7
3G高速互联，支持视频通话，沟通跨越时空犹如亲临；更支持WLAN（WAPI/WIFI）无线局域网，尽享科技所惠，极速接入，畅享无限信息	6.41	B图片下方8

（二）实验网页制作

研究1将制作两类网页：一类代表在线广播式媒体，即某产品的公司主页；另一类代表在线交互式媒体，即某产品的产品论坛网页。在两类网页制作完成之后，将手机图片A分别放置于两类网页中；同样，将手机图片 B 也分别放置于两类网页中；放置完成后，本次实验共制作了四个网页。将四个网页分别进行两两分组，分别代表在线广播式媒体广告—在线交互式媒体广告、在线交互式媒体广告—在线广播式媒体广告、在线广播式媒体广告—在线广播式媒体广告、在线交互式媒体广告—在线交互式媒体广告。

1. 公司主页制作

在实验 1 中将在线广播式媒体操作化为公司主页，被试只能进行网页内容的浏览，不能进行深度搜索、输入文字、回答问题等交互行为，信息的沟通方式是单向的。该公司主页包括五部分内容：公司任务栏、广告图片、广告文字、底边框、背景，整个网页大小为两屏。

（1）网页公司任务栏采用传统格式，包括虚拟产品品牌名称 Disdora 以及分任务图标首页、公司简介、产品总汇、新闻资讯、工程案例、质量体系 6 项。产品品牌名称 Disdora 字体颜色设置为绿色，更有电子产品的时尚活力感。为了更加接近现实网页，设置该 6 项任务图标时更多地参照某电子产品公司主页。另外，为了控制被试除浏览之外的其他行为，将这 6 项任务图标设置为静态图标，当被试点击之后，会提示"未找到此网页"返回。

（2）广告图片放置。为了符合当前网络产品网页的风格，特别是科技产品网页时尚、简洁、大方等特征，将手机图片放置于任务栏下方，占据一屏的网页空间。

（3）广告文字放置。将广告文字放置于广告图片下方，同底边框共占了网页的 1/2，即占据一屏的空间。第一条是文字标题"Disdora（Dis‑80）智能手机，科技触摸心意，智慧解决难题"，其中 Disdora（Dis‑80）是本次广告中手机虚拟型号。8 条产品主张依次排列在文字标题的下方，逐条分列。

（4）底边框设置。为了呼应网页任务栏中绿色的产品品牌名称，将底边框颜色设置为绿色。为了增加底边框的真实性，加入了文字内容"××××有限公司：专业的产品 A、产品 B、产品 C、产品 D、产品 E 等产品供应商"。其中，产品 A、产品 B、产品 C、产品 D、产品 E 为静态链接钮，但为了控制其链接搜索行为，将其设置为虚拟链接，当点击之后会有"未找到此网页"提示返回。

（5）背景设置。为了降低网页中的非广告内容对被试的影响（Mandel & Johnson，2002），对主页、论坛的背景均进行了处理，将背景颜色设置为蓝色（Lee et al.，2012）。蓝色较其他活泼的色调更加不容易激发被试的情感与情绪，以保证实验刺激的可控性。

2. 产品论坛网页制作

在实验 1 中将在线交互式媒体操作化为产品论坛网页，被试不仅可以浏览网页图片、文字等内容，而且可以进行输入文字、回答问题等交互行为，信息的沟通方式是双向的。该产品论坛网页包括六个部分内容：左边框任务栏、广告图片、广告文字、底边框、背景、交互按钮与内容，整个网页大小为两屏。

（1）左边框任务栏参照某手机产品论坛网页，采用一般产品论坛格式，包括标题产品论坛、News Information 以及下一级任务图标手机讨论区、电脑讨论区、配件讨论区、产品中心（Products）四项。标题"产品论坛"为绿色背景白色字体，下一级任务图标字体为绿色字体，与底边框颜色互为呼应。另外，为了控制被试对任务栏图标的点击搜索行为，将任务图标设置为静态图标，当被试点击之后，会有"未找到此网页"提示返回。

（2）广告图片放置。为了符合当前网络产品网页的风格，同样将手机图片放置于任务栏下方，占据一屏网页空间。

（3）广告文字放置。将广告文字放置于广告图片下方，左侧任务栏右方，同底边框共占了网页的 1/2，即占据一屏空间。第一条是文字标题"Disdora（Dis‑80）智能手机，科技触摸心意，智慧解决难题"，其中Disdora（Dis‑80）是本次广告中手机虚拟型号。8 条产品主张依次排列在文字标题的下方，逐条分列。

（4）底边框设置。底边框背景和格式和公司主页相同。

（5）背景设置。为了控制网页中其他非目标刺激物对被试的影响（Mandel & Johnson，2002），将现实中论坛中的网络横幅、弹出视频、弹出动画展示物均予以删除，并将论坛背景处理为淡蓝色（Lee et al.，2012）。蓝色不易激发被试情绪，以保证实验刺激物的可控性。

（6）交互按钮与内容设置及制作。交互按钮通过可链接按钮"我要评论"来实现，当被试点击该按钮后，会弹出链接对话框，该对话框中呈现8个交互问题，并要求被试输入文字以做出回答。除了按钮之外，8个交互问题的制作是产品论坛区别于公司主页的关键，其制作过程如下：首先，征集了12名实验被试，将上述已制作好的两则广告展示给被试，告知被试他/她们将会就广告中的Dis（80）手机与朋友进行讨论。其次，要求被试以提问朋友的口气和措辞列出16个关于Dis（80）手机最想知道或最想分享的问题。最后，将所有问题进行汇总，从中遴选出16个提问频率最高的问题，作为研究1中的8个交互问题内容材料。最终所获得的交互问题内容材料如表4-2所示。

表4-2 研究1手机论坛交互问题

位置	交互问题
A广告—问题1	双屏智能感应触控究竟指什么
A广告—问题2	手机屏幕有多大
A广告—问题3	手机重量有多重
A广告—问题4	32GB内存能同时处理多少个任务
A广告—问题5	手机价格是多少
A广告—问题6	有拍照功能吗？像素是多少
A广告—问题7	外置天线不会显得很土吗？在很偏远的地方也有信号吗
A广告—问题8	它是以录像播放视频为主的吗
B广告—问题1	待机怎么样
B广告—问题2	为哪些人群设计
B广告—问题3	视频播放流不流畅

续表

位置	交互问题
B广告—问题4	价格是多少呢
B广告—问题5	是什么操作系统
B广告—问题6	视频是即时播放还是受网络限制
B广告—问题7	内外双屏是怎样的？和电容屏有什么区别
B广告—问题8	手机电视的费用怎么算

（三）网页广告组合制作

经过上述一、二阶段的广告及网页制作，形成A手机主页、A手机论坛、B手机主页、B手机论坛，将A、B图片分别放置于公司主页、产品论坛形成的网页广告，共四类网页广告。分别将A手机主页与B手机论坛、A手机论坛与B手机主页、A手机主页与B手机主页、A手机论坛与B手机论坛进行两两组合，形成最终网页广告刺激物，分别代表在线广播式媒体—在线交互式媒体（B-I）组、在线交互式媒体—在线广播式媒体（I-B）组、在线广播式媒体—在线广播式媒体（B-B）组、在线交互式媒体—在线交互式媒体（I-I）组。

将各组网页通过浏览定时、自动链接、自动退出处理，分别将两个网页广告形成一个序列刺激。以A手机主页与B手机论坛为例，对每个网页广告进行浏览定时处理，时间长度为120秒。在A手机主页持续120秒之后，通过自动链接处理，将自动链接并打开B手机论坛。在B手机论坛持续展示120秒之后，网页将自动退出。最终，共制作了四个序列网页广告刺激物（见附录一）。

三、实验过程

在本实验过程中，共有两个阶段：一是媒体形式操作化及其检验；二是实验刺激过程。

（一）媒体形式操作化

我们通过网页中的"我来评论"按钮（手机主页无按钮、手机论坛有按钮）来将不同媒体形式（在线广播式、在线交互式）操作化。在广播式操作中，制作了一个手机广告，将其置于某公司主页中。在交互式操作中，将同样的广告内置于某手机论坛中，要求被试看完广告后点击"我来评论"，并回答后台服务器提出的 8 个问题，完成交互操作化。在本阶段，征集了 30 名被试进行操作化检验，比较被试在接触两组网页后的认知水平差异。

（二）实验刺激过程

在实验开始之前，网页中的所有外部网络链接均被移除。首先，对被试进行了基本处理。有研究显示，被试媒体卷入度会影响在线广告的信息处理和信息感知相关度（Danaher & Mullarkey，2003）。为了让被试认真处理本次实验广告，强调了他们参与的重要性（Chaiken & Maheswaran，1994）。告知被试如下内容：本次测试是某公司与本院进行的校企合作项目之一，进行产品广告预测试，你们的反馈意见对于他们后期的产品改进具有重要的意义。其次，通过计算机给被试展示本次实验制作的四组序列网页广告，每组对应一组序列网页广告刺激。被试浏览第一次广告刺激持续 120 秒，然后网页自动跳转到第二次广告刺激，持续时间同样为 120

秒，直到网页自动退出。在该过程中，接受论坛网页广告刺激的被试需要点击网页下方"我要评论"按钮，回答后台提供的交互问题。最后，要求被试填写关于该款 Dis（80）手机购买意愿测量量表。由实验组织人员将问卷收集完成后，本次实验宣告结束。

四、实验结果

（一）媒体形式操作化检验

研究1将在线广播式媒体操作为手机主页，将在线交互式媒体操作为手机论坛。手机主页与手机论坛的最大区别在于网页设计部分的评论按钮设置，为了检验该设计对区别两类媒体种类效果的有效性，通过认知变量产品态度进行检验。检验结果显示，手机主页与手机论坛在产品态度上产生显著差异（$M_{主页} = 2.15$，$M_{论坛} = 3.17$；$t = 7.599$，$p = 0.010$）。这说明被试在通过手机论坛中的"我来评论"按钮进行评论，可以增加其对讨论内容的认同，从而认同网页广告所展示的手机产品，最终表现为产生更高的产品态度。

（二）购买意愿

1. 手机主页、手机论坛媒体的协同刺激与非协同刺激比较

将 B-I、I-B 构建为协同刺激组（B-I & I-B），将 I-I、B-B 构建为非协同刺激组（B-B & I-I），对协同刺激组、非协同刺激组进行了描述统计，结果如表4-3所示。

表 4 – 3　手机主页、手机论坛协同刺激组与非协同刺激组描述统计结果

变量	因素	均值	标准差	95% 置信区间		显著性水平
				下限	上限	
购买意愿	（B – B & I – I）	1.400	1.882	0.754	2.046	0.027
	（B – I & I – B）	2.270	1.193	2.089	2.884	

注：B – B 为目标手机广告信息的两次公司主页媒体暴露刺激；I – I 为目标手机广告信息的连续两次手机论坛媒体暴露刺激；B – I 为目标手机广告信息的初次公司主页媒体暴露刺激，接着又接受一次目标手机广告信息的手机论坛媒体暴露刺激；I – B 为目标手机广告信息的初次手机论坛媒体暴露刺激，接着又接受一次目标手机广告信息的公司主页媒体暴露刺激。

将是否协同（协同刺激组、非协同刺激组）作为自变量，购买意愿与产品态度作为因变量，进行了单因素协方差分析（One – way ANCOVA），结果如表 4 – 4 所示。

表 4 – 4　协同刺激与非协同刺激结果比较

变量	媒体暴露		t	显著性
	非协同刺激 （B – B & I – I）	协同刺激 （B – I & I – B）		
购买意愿	1.400	2.270	8.659	0.004
产品态度	2.857	3.045	0.275	0.602

注：同表 4 – 3。

根据表 4 – 4 研究结果发现，手机主页与手机论坛协同刺激比非协同刺激产生更高的购买意愿（$M_{协同} = 2.270$，$M_{非协同} = 1.400$），并且该差异显著（$t = 8.659$，$p = 0.004$）。但是，协同刺激组与非协同刺激组间在因变量产品态度上却没有显著差异，并未激发消费者不同水平的产品态度（$t = 0.275$，$p = 0.602$）。

2. 手机主页单独刺激与协同刺激比较

比较手机主页单独刺激组与协同刺激组的差异，描述统计结果如表 4 – 5 所示。

表4-5　手机主页单独刺激组与协同刺激组描述统计结果

变量	因素	均值	标准差	95%置信区间		显著性水平
				下限	上限	
购买意愿	（B-B）	1.278	1.965	0.301	2.255	0.109
	（B-I & I-B）	2.487	1.193	2.089	2.884	
产品态度	（B-B）	3.037	1.811	2.137	3.938	0.094
	（B-I & I-B）	3.045	1.468	2.556	3.535	

注：B-B为目标手机广告信息的两次公司主页媒体暴露刺激；B-I为目标手机广告信息的初次公司主页媒体暴露刺激，接着又接受一次目标手机广告信息的手机论坛媒体暴露刺激；I-B为目标手机广告信息的初次手机论坛媒体暴露刺激，接着又接受一次目标手机广告信息的公司主页媒体暴露刺激。

　　将是否协同（手机主页单独刺激组、协同刺激组）作为自变量，购买意愿与产品态度作为因变量，进行了单因素协方差分析（One-way ANCO-VA），结果如表4-6所示。

表4-6　手机主页单独刺激与协同刺激结果比较

变量	媒体暴露		t	显著性
	单独刺激 （B-B）	协同刺激 （B-I & I-B）		
购买意愿	1.278	2.487	8.024	0.007
产品态度	3.037	3.045	0.000	0.986

注：同表4-5。

　　根据表4-6的结果我们发现，手机主页与手机论坛协同刺激比手机主页单独刺激导致更高的购买意愿（$M_{协同}=2.487$，$M_{单独}=1.278$），并且该差异显著（$t=8.024$，$p=0.007$）。但是，对于产品态度而言，手机主页与手机论坛协同刺激并未比手机主页单独刺激产生更好的效果（t=

0.000，p＝0.986）。

3. 手机论坛单独刺激与协同刺激结果比较

比较手机论坛单独刺激组与协同刺激组的差异，描述统计结果如表4－7所示。

表4－7　手机论坛单独刺激与协同刺激描述统计结果

变量	因素	均值	标准差	95% 置信区间		显著性水平
				下限	上限	
购买意愿	（I－I）	1.529	1.841	0.583	2.476	0.022
	（B－I＆I－B）	2.487	1.193	2.089	2.884	
产品态度	（I－I）	2.667	1.302	1.997	3.336	0.933
	（B－I＆I－B）	3.045	1.468	2.556	3.535	

注：I－I为目标手机广告信息的连续两次手机论坛媒体暴露刺激；B－I为目标手机广告信息的初次公司主页媒体暴露刺激，接着又接受一次目标手机广告信息的手机论坛媒体暴露刺激；I－B为目标手机广告信息的初次手机论坛媒体暴露刺激，接着又接受一次目标手机广告信息的公司主页媒体暴露刺激。

将是否协同（手机论坛单独刺激组、协同刺激组）作为自变量，购买意愿与产品态度作为因变量，进行了单因素协方差分析（One－way ANCO-VA），结果如表4－8所示。

表4－8　手机论坛单独刺激与协同刺激结果比较

变量	媒体暴露		t	显著性
	单独刺激（I－I）	协同刺激（B－I＆I－B）		
购买意愿	1.529	2.487	5.260	0.026
产品态度	2.667	3.045	0.828	0.367

注：同表4－7。

由表可知，手机主页与手机论坛协同刺激比手机论坛单独刺激产生更高的购买意愿水平（$M_{协同} = 2.487$，$M_{单独} = 1.529$），并且该差异是显著的（$t = 5.260$，$p = 0.026$）。但是，协同组并不比手机论坛单独刺激产生更高的产品态度（$t = 0.828$，$p = 0.367$）。

五、结论与讨论

研究 1 采用实验研究方式，对在线广播式媒体与在线交互式媒体的协同效应在行为意愿层面的存在性进行了验证。通过组间分析，验证了在线广播式媒体与在线交互式媒体对被试购买意愿产生了协同效应。在该部分，我们对假设验证情况总结如表 4 - 9 所示。

表 4 - 9　研究 1 的研究假设验证结果汇总

序号	假设	结果
H1a	在线广播式与在线交互式协同刺激比两次单独刺激对购买意愿作用大	支持
H1b	在线广播式与在线交互式协同刺激比单独广播式刺激对购买意愿作用大	支持
H1c	在线广播式与在线交互式协同刺激比单独交互式刺激对购买意愿作用大	支持

针对手机主页与手机论坛的协同刺激组与非协同刺激组对购买意愿的结果，发现手机主页与手机论坛两种刺激方式的联合刺激比两种媒体单独刺激产生更高的购买意愿水平，验证了 H1a。针对协同刺激组与手机主页单独刺激组对购买意愿的结果，发现手机主页与手机论坛联合刺激比手机主页单独刺激产生更高的购买意愿水平，研究了 H1b。针对协同刺激组与手机论坛单独刺激组队购买意愿的结果，发现被试在接受手机主页与手机论坛联合刺激后，比接受手机论坛单独刺激具有更高水平的购买意愿，

H1c 得以验证。

上述假设得到验证，研究 1 从行为意愿层面验证了在线广播式媒体与在线交互式媒体之间存在协同效应。在线广播式媒体的信息传播方式是单向的，受众接收信息是被动的，在接收信息之后没有后续自我表达与反馈过程。但是，在线交互式媒体的信息传播方式却是双向的，受众接收信息是主动的，在接收信息之后可以进行良好的自我表达与反馈。受众对能够参与到自我表达的信息内容比被动接收的信息产生更高的认同度，对于自我反馈的广告产生更高的积极想法。因此基于这种认同度与更高积极想法，受众会对两种媒体所传播广告的目标产品产生更高产品认同，进而产生更高水平的购买意愿。该结论与之前学者关于电视广告、广播广告二者联合可以提高听众购买意愿的结论一致（Edell & Keller，1989）。还有研究虽然没有关注因变量购买意愿，但是同样关注了消费者或受众行为层面的变量，如 Jagpal（1981）关于商业银行广告协同的研究，发现广播广告和报纸广告二者可以提高受众的媒体消费量；同样，Dijkstra 等（2005）也发现电视媒体和在线媒体间对产品销售量、店面访问量、广告点击量等均有加强作用。这些行为变量从内在上同购买意愿是一致的，我们认为这些研究结论从另一个侧面与研究的结论保持一致。除此之外，也有一些研究得出不一样的结论，如有研究发现电视媒体、平面媒体、在线横幅三者组合对购买意愿的协同作用不存在（Dijkstra et al.，2005；Havlena et al.，2007）。即使如此，我们仍认为研究的在线广播式媒体与在线交互式媒体协同与购买意愿的关系同大部分研究结论是一致的，二者协同是通过某些心理变量或产品变量对行为意愿产生作用的。例如，前人多项研究发现电视和广告联合可以导致更高的感知信息信任、更积极的产品想法等（Chang & Thorson，2004），这与研究的结论在内在机制上也是一致的。总之，从媒体形式联合到产品变量或心理变量，再从产品变量或心理变量到行为意愿，这个变量作用逻辑链贯通整个媒体协同研究。

六、本章小结

研究 1 运用实验法对在线广播式媒体与在线交互式媒体的协同效应进行了初步研究，通过对比协同刺激组与非协同刺激组的差异验证了二者协同效应在行为意愿层面的存在性。为了达到该研究目的，研究 1 将在线广播式媒体、在线交互式媒体分别操作为手机主页、手机论坛两种媒体形式，并制作成几组序列刺激网页广告，通过比较各组被试对不同刺激广告的反馈结果，最终验证了假设。最后就研究结果进行了讨论，认为在线广播式媒体与在线交互式媒体对购买意愿的协同效应存在，并与之前研究结论保持一致。

第五章

研究2A：不同媒体协同对产品记忆的作用研究

一、实验目的与实验设置

研究1初步验证了在线广播式媒体与交互式媒体的协同效应。在研究2中为了验证H2，探讨在线广播式与交互式媒体协同效应存在的机制。我们认为只有"相互作用"的两次处理水平"有差异"的广告刺激（广播式、交互式）才能产生协同效应。按照理论推导，两次媒体广告刺激有相互作用情况下才会产生协同作用，而无相互作用情况下则没有协同作用，所以，在研究2A中我们将探讨两次广告刺激是否相互作用对产品记忆有影响。

研究2A设计了一个2（干扰项：有干扰项，无干扰项）×2（是否协同：协同组，非协同组）的组间设计。在研究2A中，实验广告目标产品是手机。第一，为了将两次媒体刺激是否相互作用操作化，在两次广告刺激中间加入一个干扰项刺激，将干扰项作为一个组间因素。在无相互作用组，为了割断两个网页广告之间的相互作用，在中间加入一个无意义材料网页作为干扰项。在有相互作用组，为了保持两个组网页数量相同，在两个网页广告中间加入一个空白网页。若实验结果显示有干扰项组没有协同效应，或者较无干扰项组其协同效应更弱，则证明手机主页广告与手机论坛广告的相互作用是两者产生协同效应的必要条件。第二，将是否协同作为实验组间因素。用 b 表示空白网页，d 表示无意义材料网页。共形成 8 个实验组，分别是干扰组：A 手机主页广告—干扰网页—B 手机论坛广告（B–d–I）、A 手机论坛广告—干扰网页—B 手机主页广告（I–d–B）、A 手机主页广告—干扰网页—B 手机主页广告（B–d–B）、A 手机论坛广告—干扰网页—B 手机论坛广告（I–d–I）；非干扰组：A 手机主页广告—空白网页—B 手机论坛广告（B–b–I）、A 手机论坛广告—空白网页—B 手机主页广告（I–b–B）、A 手机主页广告—空白网页—B 手机主页广告（B–b–B）、A 手机论坛广告—空白网页—B 手机论坛广告（I–b–I）。在两大组内，分别将（B–d–I）与（I–d–B）、（B–b–I）与（I–b–B）构建为协同组（B–d–I＆I–d–B）、（B–b–I＆I–b–B），将（I–d–I）与（B–d–B）、（I–b–I）与（B–b–B）构建为非协同组（I–d–I＆B–d–B）、（I–b–I＆B–b–B）。其他实验操作与研究 1 相同。

二、实验刺激物

研究 2A 的实验刺激物同样为手机网页序列广告，在线广播式媒体广告、在线交互式媒体广告同研究 1 一样，通过将手机广告内置于某手机主页、某手机论坛来实现。因此，本书实验刺激物包括产品广告、实验网页、网页广告组合制作三部分。

（一）产品广告制作

本实验选择平面静态广告，包括图片和文字两部分，文字部分由产品广告主张组成。

1. 广告目标产品选择

本实验选择手机作为广告目标产品，仍然选择某品牌手机作为虚拟手机品牌。

2. 目标产品广告图片选择与制作

通过 Google 搜索引擎搜索某手机品牌的系列广告图片，最终选择了两张"人物 + 手机"类型图片。为了屏蔽已有品牌知识的影响，同样将本次实验品牌制作为虚拟品牌，将明显的图标、Logo 等进行处理，并将两张手机图片进行了统一规格的拼接、渲染等处理。研究 2A 所选择手机图片最终效果如图 5 – 1 所示。

A：手机图片

B：手机图片

图 5 – 1　研究 2A 实验图片

3. 广告产品主张制作

研究 2A 因为选择了相同品牌的手机作为本次实验的目标产品，所以仍然采用研究 1 中制作好的产品主张材料，如研究 1 中表 4 - 1 所示。该产品主张材料包括 16 条产品主张，其中每 8 条为一个版本，共两个版本。最后，图 5 - 1 的手机图片 A、B 均配了两个版本手机产品主张，共制作了 4 个图文广告：A1、A2、B1、B2。

（二）实验网页制作

研究 2A 制作四类网页：第一类代表在线广播式媒体，即某产品的公司主页；第二类代表在线交互式媒体，即某产品的产品论坛网页；第三类是干扰项网页，即无意义材料网页；第四类是非干扰项网页，即空白网页。在网页制作完成后，将手机图片 A 分别放置于前两类网页中；同样，将手机图片 B 也分别放置于前两类网页中。

1. 公司主页制作

研究 2A 同样将在线广播式媒体操作化为公司主页，被试只能进行网页内容的浏览，不能进行其他交互行为，信息的沟通方式是单向的。采用同研究 1 一样的网页格式，图片放置、文字放置、背景设置等均相同。

2. 产品论坛网页制作

研究 2A 同样将在线交互式媒体操作化为产品论坛网页，被试不仅可以浏览网页图片、文字等内容，而且可以进行输入文字、回答问题等交互行为，信息的沟通方式是双向的。采纳研究 1 中一样的产品论坛网页，其中网页格式、背景设置、交互按钮设置与内容制作均相同。

3. 无意义材料网页、空白网页制作

通过 Google 搜索了某一张心理学常用无意义材料图片，将该图片充满整个空白网页，形成研究 2A 所需要的无意义材料网页。另外制作了一个完全空白的网页作为本次实验干扰项网页。

（三）网页广告组合制作

经过上述一、二阶段的广告及网页制作，形成 A 手机主页、A 手机论坛、B 手机主页、B 手机论坛、无意义材料网页、空白网页。我们进行网页组合，共形成 8 个实验组，分别是干扰组：A 手机主页—无意义材料网页—B 手机论坛（B－d－I）、A 手机论坛—无意义材料网页—B 手机主页（I－d－B）、A 手机主页—无意义材料网页—B 手机主页（B－d－B）、A 手机论坛—无意义材料网页—B 手机论坛（I－d－I）；非干扰组：A 手机主页—空白网页—B 手机论坛（B－b－I）、A 手机论坛—空白网页—B 手机主页（I－b－B）、A 手机论坛—空白网页—B 手机主页（B－b－B）、A 手机论坛—空白网页—B 手机论坛（I－b－I）。

将各组网页通过浏览定时、自动链接、自动退出处理，分别将三个网页广告形成一个序列刺激。以 A 手机主页—无意义材料网页—B 手机论坛为例，在 A 手机主页持续 120 秒之后，通过自动链接处理，将自动链接并打开无意义材料网页；无意义材料网页在持续 60 秒之后，将自动跳转到 B 手机论坛；在 B 手机论坛持续展示 120 秒之后，网页将自动退出。最终，共制作了 8 个序列网页广告刺激物（见附录一）。

三、实验过程

研究 2A 选择了 88 名在校大学生作为研究被试，通过参与实验获得学分。为了提高实验投入度与虚拟实验背景，我们告诉被试，某手机企业与本校合作，这些品牌厂家十分关注大家的观点和想法，本实验所得结果为推出新产品提供依据。

在实验开始之前，网页中的所有外部网络链接均被移除。首先，通过计算机给被试展示序列网页广告，分别对应到 8 个分组中。在无干扰项组内，被试浏览第一次广告持续 120 秒，之后间隔 60 秒的空白网页进行浏览第二次广告，持续时间同样为 120 秒。在有干扰项组内，被试浏览第一次广告持续120秒，之后浏览60秒无意义材料网页接受120秒第二次广告刺激，直到网页自动退出。在该过程中，接受论坛网页广告刺激的被试需要点击网页下方"我要评论"按钮，回答后台提供的交互问题。其次，要求被试回忆并复述所看产品广告中的产品主张（产品回忆测量），填写产品主张识别问卷（回答"是"或"不是"）。由实验组织人员将问卷收集完成后，本次实验宣告结束。最后，我们做了关于干扰项（无干扰项、有干扰项）的操作检验。

四、实验结果

在研究2A中，将在线广播式媒体操作为手机主页，将在线交互式媒体操作为手机论坛。为了检验两次媒体刺激"是否有相互作用"是其产生协同效应的必要条件，将其作为组间因素进行分析，通过在手机主页与手机论坛两次刺激间插入空白网页、无意义材料网页来实现。两次刺激无相互作用组操作化为中间插入无意义材料网页组，两次刺激有相互作用组操作化为中间插入空白网页组。为了检验该操作化对分隔两次刺激间相互作用的有效性，通过比较无意义材料网页、空白网页分别对单独重复刺激的产品记忆效果，从而检验其对两次刺激的分隔效果。检验结果显示，插入无意义材料网页组与空白网页组在产品回忆上有显著差异（$M_{干扰}=3.211$，$M_{不干扰}=5.050$；$t=23.614$，$p=0.000$）；同样，二者在产品识别上也产生显著差异（$M_{干扰}=9.790$，$M_{不干扰}=11.075$；$t=9.520$，$p=0.003$）。这说明被试在接受两次重复刺激后，由于插入的无意义材料网页对其记忆检索形成了干扰，降低了其记忆结构的形成；但是，插入空白网页则不会输出干扰信息，从而会形成更高水平的产品记忆。

将（B-I）、（I-B）两组构建为协同组（B-I&I-B），将（I-I）、

（B－B）两组构建为非协同组（I－I & B－B）。用产品回忆、产品识别作为因变量，将是否协同（协同组、非协同组）、干扰项（有干扰项、无干扰项）作为自变量，媒体卷入度作为协变量，进行了单因素协方差分析（One－way ANCOVA）。

（一）不干扰组的协同效应检验

为了验证不干扰组内的手机主页与手机论坛的协同效应，比较二者的非协同刺激组与协同刺激组的差异，描述统计结果如表5－1所示。

表5－1　不干扰组内的非协同刺激与协同刺激描述统计结果

变量	因素	均值	标准差	95%置信区间		显著性水平
				下限	上限	
产品回忆	（B－b－B & I－b－I）	5.050	1.907	4.440	5.660	0.014
	（B－b－I & I－b－B）	6.708	1.288	6.335	7.082	
产品识别	（B－b－B & I－b－I）	10.700	1.843	10.111	11.289	0.620
	（B－b－I & I－b－B）	12.042	1.856	11.503	12.581	

注：B－b－B为目标手机广告信息的连续两次手机主页媒体暴露刺激，中间插入一次空白网页暴露刺激；I－b－I为目标手机广告信息的连续两次手机论坛媒体暴露刺激，中间插入一次空白网页暴露刺激；B－b－I为目标手机广告信息的初次公司主页媒体暴露刺激，接着插入一次空白网页暴露刺激，最后接受一次手机论坛媒体暴露刺激；I－b－B为目标手机广告信息的初次手机论坛媒体暴露刺激，接着插入一次空白网页暴露刺激，最后接受一次手机主页媒体暴露刺激。

将是否协同（非协同刺激组、协同刺激组）作为自变量，产品回忆与产品识别作为因变量，进行了单因素协方差分析（One－way ANCOVA），结果如表5－2所示。

根据表5－2的研究结果我们发现，在两次广告刺激间插入空白网页的不干扰组内，手机主页与手机论坛协同刺激比非协同刺激产生更高的产品回忆（$M_{协同}$=6.708，$M_{非协同}$=5.050），并且该差异显著（t=23.475，p=0.000）。同样，手机主页与手机论坛协同刺激也比非协同刺激产生更高水平的产品识别（$M_{协同}$ = 12.042，$M_{非协同}$ = 10.700），该差异显著（t = 11.476，p = 0.001）。

表5 - 2　不干扰组内非协同刺激与协同刺激结果比较

变量	媒体暴露		t	显著性
	非协同刺激 （B - b - B & I - b - I）	协同刺激 （B - b - I & I - b - B）		
产品回忆	5.050	6.708	23.475	0.000
产品识别	10.700	12.042	11.476	0.001

注：同表5 - 1。

（二）干扰组的协同效应检验

为了验证干扰组内的手机主页与手机论坛的协同效应，比较二者的非协同刺激组与协同刺激组的差异，描述统计结果如表5 - 3所示。

表5 - 3　干扰组内的非协同刺激与协同刺激描述统计结果

变量	因素	均值	标准差	95% 置信区间		显著性水平
				下限	上限	
产品回忆	（B - d - B & I - d - I）	3.211	1.379	2.757	3.664	0.452
	（B - d - I & I - d - B）	3.813	1.491	3.275	4.349	
产品识别	（B - d - B & I - d - I）	9.790	1.989	9.136	10.443	0.446
	（B - d - I & I - d - B）	9.813	1.491	9.275	10.350	

注：B - d - B为目标手机广告信息的连续两次手机主页媒体暴露刺激，中间插入一次无意义材料网页暴露刺激；I - d - I为目标手机广告信息的连续两次手机论坛媒体暴露刺激，中间插入一次无意义材料网页暴露刺激；B - d - I为目标手机广告信息的初次公司主页媒体暴露刺激，接着插入一次无意义材料网页暴露刺激，最后接受一次手机论坛媒体暴露刺激；I - d - B为目标手机广告信息的初次手机论坛媒体暴露刺激，接着插入一次无意义材料网页暴露刺激，最后接受一次手机主页媒体暴露刺激。

将是否协同（非协同刺激组、协同刺激组）作为自变量，产品回忆与产品识别作为因变量，进行了单因素协方差分析（One - way ANCOVA），结果如表 5 - 4 所示。

表 5 - 4　干扰组内非协同刺激与协同刺激结果比较

变量	媒体暴露		t	显著性
	非协同刺激 （B - d - B & I - d - I）	协同刺激 （B - d - I & I - d - B）		
产品回忆	3.211	3.813	3.075	0.084
产品识别	9.790	9.813	0.003	0.957

注：同表 5 - 3。

根据表 5 - 4 的研究结果我们发现，在两次广告刺激间插入无意义材料网页的干扰组内，手机主页与手机论坛协同刺激没有比非协同刺激产生更高产品回忆（$M_{协同} = 3.813$，$M_{非协同} = 3.211$），二者之间无显著差异（t = 3.075，p = 0.084）。同样，手机主页与手机论坛协同刺激也没有比非协同刺激产生更高水平的产品识别（$M_{协同} = 9.813$，$M_{非协同} = 9.790$），二者之间也没有显著差异（t = 0.003，p = 0.957）。

（三）不干扰组与干扰组协同效应比较

为了验证手机主页与手机论坛的两次刺激相互作用是协同效应存在的必要条件，需要比较不干扰组与干扰组的协同刺激差异，按照假设推导，不干扰组的协同刺激效果要显著大于干扰组的协同刺激效果。比较不干扰组协同刺激与干扰组协同刺激的差异，描述统计结果如表 5 - 5 所示。

将是否干扰（不干扰刺激组、干扰刺激组）作为自变量，产品回忆与产品识别作为因变量，进行了单因素协方差分析（One - way ANCOVA），结果如表 5 - 6 所示。

表 5 – 5 不干扰组协同刺激与干扰组协同刺激描述统计结果

变量	因素	均值	标准差	95% 置信区间		显著性水平
				下限	上限	
产品回忆	（B – b – I & I – b – B）	6.708	1.288	6.335	7.082	0.386
	（B – d – I & I – d – B）	3.813	1.491	3.275	4.350	
产品识别	（B – b – I & I – b – B）	12.042	1.856	11.503	12.581	0.035
	（B – d – I & I – d – B）	9.813	1.491	9.275	10.350	

注：B – b – I 为目标手机广告信息的初次公司主页媒体暴露刺激，接着插入一次空白网页暴露刺激，最后接受一次手机论坛媒体暴露刺激；I – b – B 为目标手机广告信息的初次手机论坛媒体暴露刺激，接着插入一次空白网页暴露刺激，最后接受一次手机主页媒体暴露刺激；B – d – I 为目标手机广告信息的初次公司主页媒体暴露刺激，接着插入一次无意义材料网页暴露刺激，最后接受一次手机论坛媒体暴露刺激；I – d – B 为目标手机广告信息的初次手机论坛媒体暴露刺激，接着插入一次无意义材料网页暴露刺激，最后接受一次手机主页媒体暴露刺激。

表 5 – 6 不干扰组协同刺激与干扰组协同刺激结果比较

变量	媒体暴露		t	显著性
	不干扰组协同刺激 （B – b – I & I – b – B）	干扰组协同刺激 （B – d – I & I – d – B）		
产品回忆	6.708	3.813	85.554	0.000
产品识别	12.042	9.813	32.245	0.000

注：同表 5 – 5。

根据表 5 – 6 的研究结果我们发现，比较插入空白网页的不干扰组与插入无意义材料网页的干扰组，前者协同刺激比后者协同刺激产生更高的产品回忆（$M_{不干扰} = 6.708$，$M_{干扰} = 3.813$），并且该差异显著（$t = 85.554$，$p = 0.000$）。同样，前者协同刺激也比后者协同刺激产生更高水平的产品识别（$M_{不干扰} = 12.042$，$M_{干扰} = 9.813$），该差异显著（$t = 32.245$，$p = 0.000$）。

五、结论与讨论

研究 2A 采用实验研究方式，对在线广播式媒体与在线交互式媒体相互作用是二者产生协同效应的必要条件进行了验证。首先，通过有相互作用情况下的组间分析，即无干扰项组内的组间方差分析，验证了在线广播式媒体与在线交互式媒体对被试产品回忆、产品识别产生了协同效应。其次，通过无相互作用情况下的组间分析，即有干扰项组内的组间方差分析，验证了在线广播式媒体与在线交互式媒体对被试产品回忆、产品识别没有产生协同效应。最后，比较无干扰组与干扰组的协同刺激效果，验证了有相互作用情况下协同刺激作用显著大于无相互作用情况下协同刺激作用。在该部分中，我们对假设验证情况总结如表 5 - 7 所示。

表 5 - 7　研究 2A 的研究假设验证结果汇总

序号	假设	结果
H2a	在线广播式与在线交互式两次刺激之间有相互作用情况下协同效应存在	支持
H2b	在线广播式与在线交互式两次刺激之间无相互作用情况下协同效应不存在	支持
H2c	有相互作用情况下协同刺激作用显著大于无相互作用下协同刺激作用	支持

针对无干扰项组内手机主页、手机论坛的协同刺激与非协同刺激对产品回忆、产品识别的结果，发现两种刺激方式的协同刺激比非协同刺激产生更高的产品回忆与产品识别水平，验证了 H2a。针对有干扰项组内手机主页、手机论坛的协同刺激与非协同刺激对产品回忆和产品识别的结果，发现协同刺激与非协同刺激并无显著差异，协同刺激并没有比非协同刺激产生更高的产品回忆和产品识别水平，验证了 H2b。针对无干扰项组协同

刺激与干扰项组协同刺激对产品回忆和产品识别的结果，发现被试在接受无干扰项组协同刺激后，比接受干扰项组协同刺激产生更高水平的产品回忆和产品识别，H2c 得以验证。

上述假设得到验证，研究 2A 从记忆层面验证了在线广播式媒体与在线交互式媒体之间存在协同效应，验证了两种媒体刺激相互作用是产生协同效应的必要条件。H2a 之所以得以验证，是因为在不干扰组内插入的空白网页没有对被试的记忆结构形成干扰，被试在第二次媒体刺激后同样可以通过记忆检索，将第二次刺激信息与原有记忆进行整合，从而形成新的加强记忆结构。这种新的加强记忆结构表现在研究结果中，是协同刺激比非协同刺激产生更高的产品回忆和产品识别。

H2b 之所以得以验证，因为在干扰组内插入的无意义材料网页对被试形成的记忆结构。被试在接受第二次广告信息刺激后，无法或者很难通过记忆检索将第二次刺激信息与原有记忆整合。相反，通过记忆检索更多地检索到无意义材料信息刺激形成的记忆结构，从而破坏了在线广播式媒体（手机主页）与在线交互式媒体（手机论坛）之间广告信息刺激的相互作用。该结论与 Harkins 和 Petty（1981）的研究结论保持一致，干扰项会影响多信源信息的说服力，通过破坏赞成想法的生成过程来实现，导致回忆无法正常进行。这些回忆无法正常进行，正是由于不相干材料干扰了记忆中语义分类表的自有检索过程（Petty et al.，1976；Marsh et al.，2014）。虽然有些研究得出的结论略有差异，如 Choi 等（2013）的研究指出，听觉干扰项可以抑制内隐品牌记忆的检索，但是视觉干扰项却没有发现显著影响。总之，加入干扰项之后对两次刺激的记忆检索有很大影响，不能自由检索导致两次刺激无法形成相互加强的记忆结构。研究 2A 表现为干扰组内协同刺激无法发挥作用，并未产生协同效应，也未产生加强的产品记忆与产品识别。

基于 H2a、H2b 成立的基础上，H2c 得以验证。不干扰组的在线广播式媒体与在线交互式媒体二者协同刺激产生了协同效应，但干扰组却相反，因此前者表现出更高的产品回忆和产品识别。

六、本章小结

研究 2A 运用实验法对在线广播式媒体与在线交互式媒体的协同效应存在的必要条件进行了研究。将两种媒体的相互作用作为协同效应存在的必要条件之一进行了研究，通过比较不干扰组与干扰组的差异，验证了二者协同效应存在的必要条件是相互作用。为了达到该研究目的，研究 2A 将在线广播式媒体、在线交互式媒体分别操作为手机主页、手机论坛两种媒体形式，并制作成几组序列刺激网页广告；将是否相互作用通过插入空白网页或无意义材料网页来实现操作化，通过比较各组被试的产品回忆和产品识别水平验证了假设。最后就研究结果进行了讨论，认为在线广播式媒体与在线交互式媒体之间相互作用导致形成了更加强化的记忆结构，这也是其协同效应存在的内在机制。

第六章

研究 2B：不同媒体协同对产品记忆的作用研究

一、实验目的与实验设置

研究 2A 已经验证了只有相互产生作用的两次广告刺激才能产生协同作用。但是，根据理论推导，即使两次广告刺激具有相互作用，在处理水平无差异的情况下，相互之间仍然不可能产生协同效应。所以，研究 2B 将不同处理水平操作化，探讨两次广告刺激是否具有不同处理水平对最终刺激效果（产品记忆）的影响。

我们选择了 86 名在校大学生作为研究被试，通过参与实验获得学分。研究 2B 设计了一个 2（论坛广告状态：回答问题，不回答问题）×2（是否协同：协同组，非协同组）的组间设计。在研究 2B 中，实验广告目标产品是电脑。第一，为了将两次媒体刺激"处理水平是否有差异"操作化，将论坛广告操作为两种状态（回答问题、不回答问题），把是否回答问题作为一个组间因素。在回答问题组，被试浏览论坛广告之后点击链接按钮，回答后台问题问卷。在不回答问题组，被试只能点击按钮，但是按钮不能弹出问题框。第二，将是否协同作为一个实验组间因素。将被试随机分配到两大类中（回答问题、不回答问题），然后在每大类内部随机分为四个组：广播式—交互式（B-I）、广播式—广播式（B-B）、交互式—广播式（I-B）、交互式—交互式（I-I）。将（B-I）、（I-B）两组构建为协同组（B-I & I-B），将（I-I）、（B-B）两组构建为非协同组（I-I & B-B）。

二、实验刺激物

研究2B的实验刺激物为网页广告，在线广播式媒体广告是将笔记本电脑广告内置于某笔记本电脑主页来实现，在线交互式媒体广告是将笔记本电脑广告内置于某笔记本电脑论坛来实现。因此，实验刺激物包括产品广告、实验网页、各实验组所需网页广告组合制作三部分。

（一）产品广告制作

实验刺激物均为平面静态产品广告，包括图片和文字两部分，文字部分由产品广告主张组成。研究2B实验广告制作过程如下：

1. 目标产品选择

研究2B选择笔记本电脑作为目标产品。

2. 产品广告图片选择与制作

首先，通过Google搜索引擎搜索某笔记本电脑品牌的系列广告图片。在所有相关图片中，选择了2张广告图片。其次，为了减少已有品牌知识与经验对实验结果的影响，制作虚拟笔记本电脑品牌作为本次实验品牌。因此，将2张图片中明显的图标、Logo等进行处理。最后，将2张笔记本电脑图片按网页内置图片规格要求，进行了统一规格的剪辑、拼接、渲染等处理。研究2B所制作笔记本电脑图片最终效果如图6-1所示。

A：笔记本电脑图片

B：笔记本电脑图片

图 6 - 1　研究 2B 实验图片

3. 广告产品主张制作

研究 2B 中笔记本电脑广告产品主张制作过程同研究 1 中过程相同。

（1）进行笔记本电脑产品主张制作，包括 1 条标题 16 条产品主张。分别为图片 A、B 制作了 8 条产品主张，共得到 16 条产品主张，即每张图片具有两个版本的产品主张。这些产品主张的来源主要有两个：一方面通过网络搜索目标笔记本电脑的以往广告主张与产品主张，进行重新改写；另一方面组织研究小组进行产品主张创作。所有产品主张均经过研究小组成员润色与评价。除了 16 条产品主张外，另由研究小组拟定 1 条标题，标题内容是"Disdora（Dis‑80）笔记本，科技触摸心意，智慧解决难题"。

（2）进行产品主张重要性评价。通过问卷调查要求被试就上述产品主张进行重要性评价。本次共发放了 58 份调查问卷，去掉 5 份填写不合格问卷，得到有效问卷 53 份。

（3）按照重要性均值得分从高到低的顺序排列，将得分过低的产品主张予以剔除或重新改写，最终保证 16 条产品主张均获得较高重要性评价。研究 1 实验广告产品主张重要性评价如表 6‑1 所示。

表 6‑1　研究 2B 笔记本电脑广告产品主张重要性评价

产品主张	重要性评价均值	所在位置
灵活的指点杆（Track Point），操作更方便	4.77	A 图片下方 1
屏幕采用包边式边框，BC 面边框凸凹式设计，双搭扣设计，能够更好地保护屏幕，更有人性化的顶端键盘灯	4.97	A 图片下方 2
绚丽漂亮的多色外观，坚硬的外壳保护，钛镁合金，不易划伤	5.26	A 图片下方 3
独有的七行键盘，更多功能，最好的键盘手感，同时具有防水功能	6.45	A 图片下方 4
无线网卡的天线镶嵌在屏幕两边，位置高，信号更好	6.34	A 图片下方 5
主动式防护系统（Active Protection System，APS）更好地保护数据安全	6.78	A 图片下方 6
一键恢复功能，在系统遭到破坏时可以重新恢复系统或最后一次备份的状态	6.12	A 图片下方 7
嵌入式的安全子系统（Embedded Security Subsystem），从软件和硬件两方面解决数据安全问题	5.30	A 图片下方 8
杜比 5.1 环绕立体声场设计，有效降噪，输出纯美音质，带来身临其境的动人体验	6.20	A 图片下方 9

续表

产品主张	重要性评价均值	所在位置
采用新一代英特尔迅驰双核处理器技术，为您引爆新感官革命	6.77	A 图片下方 10
便捷的指点杆（Track Point），大幅度移动指针和拖拽操作更简单	4.98	B 图片下方 1
屏幕采用无边框设计，视觉体验更好，碳纤维哑光的质感，细细的边框时尚美观	5.21	B 图片下方 2
钛镁合金的外部机身，整体风格稳重大气	5.63	B 图片下方 3
高触感键盘，长期操作方便舒服，经久耐用	5.89	B 图片下方 4
走线更合理的无线网卡，接收信号好，不易损耗，长期质保	6.46	B 图片下方 5
主动式防护系统（Active Protection System，APS）自动保护硬盘驱动器，应对可能损坏数据的情况	6.31	B 图片下方 6
新一键恢复功能，支持个性化的系统恢复功能，不需重装系统	6.50	B 图片下方 7
通过嵌入式安全子系统（Embedded Security Subsystem）进行存储和运行专用于数据和程序保护的密码和相关信息	5.82	B 图片下方 8
JBL 立体音效系统，拥有明亮清晰的音色，对声音具有极高还原度，极致降低底噪	6.01	B 图片下方 9
新一代英特尔迅驰双核技术秉持"高速、轻薄、长时间驱动"理念，更佳高速处理体验	6.67	B 图片下方 10

（二）实验网页制作

研究 2B 将制作两类网页：一类代表在线广播式媒体，即该笔记本电脑主页；另一类代表在线交互式媒体，即该笔记本电脑论坛网页。在两类网页制作完成后，将电脑图片 A 分别放置于两类网页中；同样，将电脑图片 B 也分别放置于两类网页中；放置完成后，本次实验共制作了四个网页。同时，为了将在线公司主页与电脑论坛网页的交互水平差异进行操作化，将上述四个已完成网页进行复制，将四个复制网页的"我来评论"进行了重新制作，实现只能点击不能回答问题功能，形成交互水平无差异组。共得到两组八个网页，将每组的四个网页分别进行两两分组，分别代表在线广播式媒体广告—在线交互式媒体广告、在线交互式媒体广告—在线广播式媒体广告、在线广播式媒体广告—在线广播式媒体广告、在线交互式媒体广告—在线交互式媒体广告。

1. 公司主页制作

研究 2B 将在线广播式媒体操作化为笔记本电脑主页，被试不能进行交互行为，该主页包括五部分内容：公司任务栏、广告图片、广告文字、底边框、背景，整个网页大小为两屏。

（1）公司任务栏采用传统格式，包括虚拟产品品牌名称"Disdora"，以及分任务图标首页、公司简介、产品总汇、新闻资讯、工程案例、质量体系六项。产品品牌名称"Disdora"字体颜色设置为绿色，更有电子产品的时尚活力感。其他设置与研究 1 相同。

（2）广告图片放置。将笔记本电脑图片放置于任务栏下方，占据一屏的网页空间。

（3）广告文字放置。将广告文字放置于广告图片下方，同底边框共占了网页的 1/2，即占据一屏的空间。第一条是文字标题，"Disdora（Dis－80）笔记本，科技触摸心意，智慧解决难题"，其中 Disdora（Dis－80）是本次广告中笔记本电脑虚拟型号。8 条产品主张依次排列在文字标题的下方，逐条分列。

（4）底边框设置。将底边框颜色设置为绿色。为了增加底边框的真实性，加入了文字内容"××××有限公司：专业的产品 A、产品 B、产品 C、产品 D、产品 E 等产品供应商"。文字内容点击设置与研究 1 相同。

（5）背景设置。背景设置同研究 1。

2. 电脑论坛网页制作

研究 2B 将在线交互式媒体操作化为产品论坛网页，制作了两类笔记本电脑论坛网页：一类可以点击"我来评论"按钮，并回答弹出问题；另一类可以点击"我来评论"按钮，但是并不弹出问题。该笔记本电脑论坛网页包括六部分内容：左边框任务栏、广告图片、广告文字、底边框、背景、交互按钮与内容，整个网页大小为两屏。

（1）左边框任务栏采用一般产品论坛格式，包括标题产品论坛、News Information 以及下一级任务图标手机讨论区、电脑讨论区、配件讨论区、产品中心（Products）四项。标题"产品论坛"为绿色背景白色字体，下一级任务图标字体为绿色字体，与底边框颜色互为呼应。所有任务图标均为静态图标，点击无外部链接。

（2）广告图片放置。同样将笔记本电脑图片放置于任务栏下方，占据一屏网页空间。

（3）广告文字放置。将广告文字放置于广告图片下方，左侧任务栏右方，同底边框共占了网页的 1/2，即占据一屏空间。第一条是文字标题，"Disdora（Dis - 80）笔记本，科技触摸心意，智慧解决难题"，其中 Disdora（Dis - 80）是本次广告中手机虚拟型号。8 条产品主张依次排列在文字标题的下方，逐条分列。

（4）底边框设置。底边框背景及格式与公司主页相同。

（5）背景设置。背景设置同研究 1 相同。

（6）交互按钮与内容制作。第一类论坛网页的交互按钮可点击，并会弹出问题框。该按钮通过可链接按钮"我来评论"实现，通过点击按钮弹出链接问题框，该对话框中呈现 8 个交互问题，要求被试做出回答。第二类论坛网页的交互按钮可点击，外形与第一类一样，但不会弹出问题框。除按钮外，16 个交互问题的制作是产品论坛区别于产品主页的关键，其制作过程同研究 1 手机交互问题制作过程相同，共得到 16 个提问频率最高的问题，作为研究 2B 的交互问题，最终所获得的交互问题如表 6 - 2 所示。

表 6－2　研究 2B 笔记本电脑论坛交互问题

位置	交互问题
A 广告—问题 1	指点杆是什么
A 广告—问题 2	无线网卡的天线镶嵌在屏幕两边，长着"触角"会不会有点难看
A 广告—问题 3	散热效果怎样
A 广告—问题 4	有效降噪到什么程度
A 广告—问题 5	什么是主动式键盘防护系统？怎么保护
A 广告—问题 6	七行键盘，原来的键盘结构没改变，只是新加了一些功能，对吧
A 广告—问题 7	价格是多少
A 广告—问题 8	开机速度快不快
B 广告—问题 1	无边框设计的屏幕视觉感受真的舒服吗？人们能否适应吗
B 广告—问题 2	知道广告标语"跟你随时切换生活节奏"是何含义吗
B 广告—问题 3	金属材质会导致散热太慢吗
B 广告—问题 4	只有这四个色系吗
B 广告—问题 5	价格贵不贵
B 广告—问题 6	配置怎样？如果用来玩游戏适不适合
B 广告—问题 7	内存够不够用
B 广告—问题 8	一键重装会使数据消失吗

（三）网页广告组合制作

经过上述一、二阶段的广告及网页制作，形成 A 笔记本电脑主页、A 笔记本电脑论坛（回答问题）、A 笔记本电脑论坛（不回答问题）、B 笔记本电脑主页、B 笔记本电脑论坛（回答问题）、B 笔记本电脑论坛（不回答问题）。通过两两组合，形成 8 组网页广告。不回答问题组：A 笔记本电脑主页与 B 笔记本电脑论坛（不回答问题）、A 笔记本电脑论坛（不回答问题）与 B 笔记本电脑主页、A 笔记本电脑主页与 B 笔记本电脑主页、A 笔记本电脑论坛（不回答问题）与 B 笔记本电脑论坛（不回答问题）。回答问题组：A 笔记本电脑主页与 B 笔记本电脑论坛（回答问题）、A 笔记本电脑论坛（回答问题）与 B 笔记本电脑主页、A 笔记本电脑主页与 B

笔记本电脑主页、A 笔记本电脑论坛（回答问题）与 B 笔记本电脑论坛（回答问题）。

将各组网页通过浏览定时、自动链接、自动退出处理，分别将两个网页广告形成一个序列刺激。以 A 笔记本电脑主页与 B 笔记本电脑论坛为例，对每个网页广告进行浏览定时处理，时间长度为 120 秒。在 A 笔记本电脑主页持续 120 秒后，通过自动链接处理，将自动链接并打开 B 笔记本电脑论坛。在 B 笔记本电脑论坛持续展示 120 秒后，网页将自动退出。最终，共制作了 8 个序列网页广告刺激物（见附录一）。

三、实验过程

在本实验过程中共有两个阶段：一是媒体处理水平操作化及其检验；二是实验刺激过程。

（一）媒体处理水平操作化

在媒体广告刺激后，通过被试是否回答问题（有差异组回答、无差异组不回答）来将媒体处理水平是否有差异（处理水平有差异、处理水平无差异）操作化。在处理水平有差异组，被试通过点击网页中"我来评论"并回答弹出框问题来实现。在处理水平无差异组，通过将"我来评论"按钮进行特殊处理来实现，令该按钮只能点击但不弹出问题框。本阶段征集了 42 名被试进行操作化检验，以比较两组网页是否存在处理水平差异。

（二）实验刺激过程

本次实验分别在两个大组中同时进行：第一大组为处理水平有差异

组，第二大组为处理水平无差异组。在实验开始之前，网页中的所有外部网络链接均被移除。首先，对被试进行了基本处理。有研究显示，被试媒体卷入度会影响在线广告的信息处理和信息感知相关度（Danaher & Mullarkey，2003）。为了让被试认真处理本次实验广告，我们强调了他们参与的重要性（Chaiken & Maheswaran，1994）。告知被试如下内容：本次测试是某公司与本院进行的校企合作项目之一，进行产品广告预测试，你们的反馈意见对于他们后期的产品改进具有重要的意义。其次，通过计算机给被试展示本次实验制作的 8 组序列网页广告，每组对应一组序列网页广告刺激。其中，给处理水平有差异大组被试展示未经特殊处理"我来评论"按钮的网页广告，给处理水平无差异大组被试展示经过特殊处理"我来评论"按钮的网页广告。被试浏览第一次广告刺激持续 120 秒，然后网页自动跳转到第二次广告刺激，持续时间同样为 120 秒，直到网页自动退出。在该过程中，接受论坛网页广告刺激的被试需要点击网页下方"我来评论"按钮，回答后台提供的交互问题。最后，要求被试填写关于该款笔记本电脑的产品回忆、产品识别测量量表。由实验组织人员将问卷收集完成后，本次实验宣告结束。

四、实验结果

（一）两种媒体处理水平差异操作检验

研究 2B 为了检验两次媒体刺激"处理水平是否有差异"是其产生协同效应的必要条件，将其作为组间因素进行分析，通过将笔记本电脑论坛网页"我来评论"按钮设置为点击可回答问题、点击不可回答问题两种类型来实现。两次刺激处理水平有差异组操作化为点击按钮可回答问题组、两次刺激处理水平无差异组操作化为点击按钮不可回答问题组。为了检验该操作化对两次刺激处理水平差异区别化的有效性，通过比较不回答问题组内 B-I 与 B-B 的差异、I-B 与 I-I 的差异，即在产品记忆上的效果差异，从而检验不回答问题按钮设置情况 B、I 的处理水平无差异。其检验结果显示，B-I 与 B-B 在产品回忆上无显著差异（$M_{B-I} = 4.333$，$M_{B-B} = 4.400$；$t = 0.005$，$p = 0.944$）；同样，二者在产品识别上也无显著差异（$M_{B-I} = 10.667$，$M_{B-B} = 8.700$；$t = 3.305$，$p = 0.091$）。I-B 与 I-I 在产品回忆上无显著差异（$M_{I-B} = 4.300$，$M_{I-I} = 4.222$；$t = 0.006$，$p = 0.939$）；同样，二者在产品识别上也无显著差异（$M_{I-B} = 8.600$，$M_{I-I} = 9.667$；$t = 1.569$，$p = 0.227$）。这说明经过对评论按钮点击不回答问题设置有效地将 B、I 两种媒体处理水平变为了无差异状态，本质上成为了两次单一方式重复刺激。

（二）产品记忆测量

将（B-I）、（I-B）两组构建为协同组（B-I & I-B），将（I-I）、（B-B）两组构建为非协同组（I-I & B-B）。用产品回忆、产品识别作为因变量，将是否协同（协同组、非协同组）、处理水平是否有差异（处理水平有差异、处理水平无差异）作为自变量，媒体卷入度作为协变量，进行了单因素协方差分析（One-way ANCOVA）。

1. 不回答问题组的协同效应检验

在不回答问题组，被试点击"我来评论"按钮后不会弹出问题框，无须回答问题，因此交互式媒体刺激、广播式媒体刺激的信息处理水平无差异。在两种媒体信息处理水平无差异的情况下，笔记本电脑主页与笔记本电脑论坛的协同刺激不会产生协同效应。通过比较非协同刺激组与协同刺激组的差异来验证 H2d，描述统计结果如表 6-3 所示。

将是否协同（非协同刺激组、协同刺激组）作为自变量，产品回忆与产品识别作为因变量，进行了单因素协方差分析（One-way ANCOVA），结果如表 6-4 所示。

表6-3　不回答问题组内的非协同刺激与协同刺激描述统计结果

变量	因素	均值	标准差	95%置信区间		显著性水平
				下限	上限	
产品回忆	(B-B & I'-I')	4.316	1.974	3.365	5.267	0.984
	(B-I' & I'-B)	4.313	1.957	3.270	5.355	
产品识别	(B-B & I'-I')	9.158	2.115	8.138	10.177	0.617
	(B-I' & I'-B)	9.375	1.996	8.312	10.438	

注：B-B为连续两次笔记本电脑主页暴露刺激；I'-I'为连续两次笔记本电脑论坛暴露刺激，不需回答问题；B-I'为初次笔记本电脑主页暴露刺激，再接受一次笔记本电脑论坛暴露刺激，不需回答问题；I'-B为初次笔记本电脑论坛暴露刺激，不需回答问题，再接受一次笔记本电脑主页暴露刺激。

表6-4　不回答问题组内非协同刺激与协同刺激结果比较

变量	媒体暴露		t	显著性
	非协同刺激 (B-B & I'-I')	协同刺激 (B-I' & I'-B)		
产品回忆	4.316	4.313	0.000	0.996
产品识别	9.158	9.375	0.096	0.758

注：同表6-3。

根据表6-4的研究结果我们发现，在两次广告刺激处理水平无差异的不回答问题组内，笔记本电脑主页与笔记本电脑论坛协同刺激没有比非协同刺激产生更高水平产品回忆（$M_{协同}$ = 4.313，$M_{非协同}$ = 4.316），二者间差异不显著（t = 0.000，p = 0.996）。同样，笔记本电脑主页与笔记本电脑论坛协同刺激也没有比非协同刺激产生更高水平产品识别（$M_{协同}$ = 9.375，$M_{非协同}$ = 9.158），二者差异不显著（t = 0.096，p = 0.758）。以上结果说明在两次媒体刺激处理水平无差异的情况下，协同效应不存在。

2. 回答问题组的协同效应检验

在回答问题组，被试点击"我来评论"按钮后会弹出问题框，需要回答问题，因此交互式媒体刺激、广播式媒体刺激的信息处理水平有差异。在两种媒体信息处理水平有差异情况下，笔记本电脑主页与笔记本电脑论坛的协同刺激会产生协同效应。通过比较非协同刺激组与协同刺激组的差异来验证 H2e，描述统计结果如表 6 - 5 所示。

表 6 - 5　回答问题组内的非协同刺激与协同刺激描述统计结果

变量	因素	均值	标准差	95% 置信区间		显著性水平
				下限	上限	
产品回忆	(B - B & I - I)	4.550	1.820	3.698	5.402	0.041
	(B - I & I - B)	5.833	1.308	5.281	6.386	
产品识别	(B - B & I - I)	9.450	1.395	8.797	10.103	0.543
	(B - I & I - B)	10.458	1.693	9.743	11.173	

注：B - B 为目标手机广告信息的连续两次手机主页暴露刺激；I - I 为目标手机广告信息的连续两次手机论坛暴露刺激；B - I 为目标手机广告信息的初次公司主页暴露刺激，再接受一次手机论坛暴露刺激；I - B 为目标手机广告信息的初次手机论坛暴露刺激，再接受一次手机主页暴露刺激。

将是否协同（非协同刺激组、协同刺激组）作为自变量，产品回忆与产品识别作为因变量，进行了单因素协方差分析（One - way ANCOVA），结果如表 6 - 6 所示。

表 6 - 6　回答问题组内非协同刺激与协同刺激结果比较

变量	媒体暴露		t	显著性
	非协同刺激 (B - B & I - I)	协同刺激 (B - I & I - B)		
产品回忆	4.550	5.833	7.378	0.010
产品识别	9.450	10.458	4.527	0.039

注：B - B 为连续两次笔记本电脑主页暴露刺激；I - I 为连续两次笔记本电脑论坛暴露刺激；B - I 为初次笔记本电脑主页暴露刺激，再接受一次笔记本电脑论坛暴露刺激；I - B 为初次笔记本电脑论坛暴露刺激，再接受一次笔记本电脑主页暴露刺激。

根据表6-6的研究结果我们发现，在两次广告刺激有处理水平差异的回答问题组内，笔记本电脑主页与笔记本电脑论坛协同刺激比非协同刺激产生更高的产品回忆（$M_{协同}=5.833$，$M_{非协同}=4.550$），二者之间有显著差异（$t=7.378$，$p=0.010$）。同样，笔记本电脑主页与笔记本电脑论坛协同刺激也比非协同刺激产生更高水平的产品识别（$M_{协同}=10.458$，$M_{非协同}=9.450$），二者之间有显著差异（$t=4.527$，$p=0.039$）。以上结果说明，在两次媒体刺激处理水平有差异的情况下，协同效应存在。

（三）不回答问题组与回答问题组协同刺激比较

为了验证笔记本电脑主页、笔记本电脑论坛的刺激处理水平差异是协同效应存在的必要条件，需要比较不回答问题组与回答问题组的协同刺激差异，按照假设推导，回答问题组的协同刺激效果要显著大于不回答问题组的协同刺激效果。比较不回答问题组协同刺激与回答问题组协同刺激的差异，描述统计结果如表6-7所示。

表6-7　不回答问题组协同刺激与回答问题组协同刺激描述统计结果

变量	因素	均值	标准差	95%置信区间		显著性水平
				下限	上限	
产品回忆	(B-I' & I'-B)	4.313	1.957	3.270	5.355	0.115
	(B-I & I-B)	5.833	1.308	5.281	6.386	
产品识别	(B-I' & I'-B)	9.375	1.996	8.311	10.439	0.483
	(B-I & I-B)	10.458	1.693	9.743	11.173	

注：B-I'为目标手机广告信息的初次公司主页暴露刺激，再接受一次手机论坛暴露刺激；I'-B为目标手机广告信息的初次手机论坛暴露刺激，再接受一次手机主页暴露刺激；B-I为目标手机广告信息的初次公司主页暴露刺激，再接受一次手机论坛暴露刺激；I-B为目标手机广告信息的初次手机论坛暴露刺激，再接受一次手机主页暴露刺激。

将是否回答问题（回答问题、不回答问题）作为自变量，产品回忆与产品识别作为因变量，进行了单因素协方差分析（One-way ANCOVA），结果如表6-8所示。

表6-8 不回答问题组协同刺激与回答问题组协同刺激结果比较

变量	媒体暴露		t	显著性
	不回答问题组协同刺激 （B-I' & I'-B）	回答问题组协同刺激 （B-I & I-B）		
产品回忆	4.313	5.833	8.719	0.005
产品识别	9.375	10.458	3.406	0.073

注：B-I'为初次笔记本电脑主页暴露刺激，再接受一次笔记本电脑论坛暴露刺激，不需回答问题；I'-B为初次笔记本电脑论坛暴露刺激，不需回答问题，再接受一次笔记本电脑主页暴露刺激；B-I为初次笔记本电脑主页暴露刺激，再接受一次笔记本电脑论坛暴露刺激；I-B为初次笔记本电脑论坛暴露刺激，再接受一次笔记本电脑主页暴露刺激。

根据表6-8的研究结果我们发现，比较有处理水平差异的回答问题组与无处理水平差异的不回答问题组，前者协同刺激比后者协同刺激产生更高的产品回忆（$M_{回答}$ = 5.833，$M_{不回答}$ = 4.313），并且该差异显著（t = 8.719，p = 0.005）。同样，前者协同刺激也比后者协同刺激产生更高水平的产品识别（$M_{回答}$ = 10.458，$M_{不回答}$ = 9.375），该差异显著（t = 3.406，p = 0.073）。以上结果说明，在线广播式媒体与在线交互式媒体的刺激处理水平有差异是其协同效应存在的必要条件。

五、结论与讨论

研究2B采用实验研究方式，对在线广播式媒体与在线交互式媒体"处理水平有差异"是二者产生协同效应的必要条件进行了验证。首先，通过无处理水平差异情况下的组间分析，即不回答问题组内的组间方差分析，验证了在线广播式媒体与在线交互式媒体对被试产品回忆、产品识别没有协同效应。其次，通过有处理水平差异情况下的组间分析，即回答问题组内的组间方差分析，验证了在线广播式媒体与在线交互式媒体对被试产品回忆和产品识别会产生协同效应。最后，比较不回答问题组与回答问题组的协同刺激效果，验证了有处理水平差异情况下协同刺激作用显著大于无处理水平差异情况下协同刺激作用。在该部分中，我们对假设验证情况总结如表6-9所示。

表6-9 研究2B的研究假设验证结果汇总

序号	假设	结果
H2d	在线广播式与在线交互式两次刺激之间无处理水平差异情况下协同效应不存在	支持
H2e	在线广播式与在线交互式两次刺激之间有处理水平差异情况下协同效应存在	支持
H2f	有处理水平差异情况下协同刺激作用显著大于无处理水平差异情况下协同刺激作用	支持

针对不回答问题组内笔记本电脑主页、笔记本电脑论坛的协同刺激与非协同刺激对产品回忆和产品识别的结果，发现其协同刺激与非协同刺激产生在产品回忆和产品识别上无差别，协同效应不存在，验证了H2d。针对回答问题组内笔记本电脑主页、笔记本电脑论坛的协同刺激与非协同刺激对产品回忆和产品识别的结果，发现协同刺激比非协同刺激产生更高水平的产品回忆和产品识别，二者间有无显著差异，协同效应存在，验证了H2e。针对不回答问题组协同刺激与回答问题组协同刺激对产品回忆和产品识别的结果，发现被试在接受回答问题组协同刺激后，比接受不回答问题组协同刺激产生更高水平的产品回忆和产品识别，H2f得以验证。

上述假设得到验证，研究2B验证了两种媒体刺激处理水平差异是产生协同效应的必要条件。在H2d中，两次媒体刺激虽然一个是笔记本电脑主页，另一个是笔记本电脑论坛，但是通过将论坛网页中按钮特殊处理，使其不能完成交互功能，从而使得主页与论坛网页看起来不同，但在被试信息刺激处理水平上相同。所以，前后两次刺激在本质上就成为两次单一的非交互媒体刺激。由前述理论推导，被试在接受第一次刺激后，若再进行单一方式的第二次媒体刺激，被试不会编码为类别化更加丰富的记忆结构，从而无法形成加强的记忆结构。该效应表现在研究结果中是协同刺激与非协同刺激（两次完全相同的刺激）在产品回忆和产品识别方面没有显著区别，因此 H2d 得以验证。

H2e 之所以得以验证，因为在回答问题组内两种媒体的两种不同信息处理水平导致形成更丰富的记忆结构。第一次是笔记本电脑主页，第二次是笔记本电脑论坛，其交互按钮可以弹出问题，完成交互功能，从而使得主页与论坛网页表现出单向广播式、双向交互式的差异，二者在被试信息刺激处理水平上不同。所以，前后两次刺激在本质上是信息处理水平有差异的媒体刺激。由前述理论推导，被试接受第一次刺激之后，若进行其他方式的第二次媒体刺激，会编码为类别化更加丰富的记忆结构，表现在被试记忆上的加强作用。研究得出两次刺激的差异会产生协同效应，该结论与前人的研究保持一致。有部分研究关注了两次刺激的媒体形式差异，或者刺激内容差异导致产生协同效应的问题。第一类研究多关注两次刺激的内容差异对传播效果的影响。例如，广告重复变异的研究多关注多次广告的内容变化或差异化处理会导致更高的广告记忆、品牌印象、正面情感等（McClelland，1976；Lee & Labroo，2004）。同样，也有研究发现不同比例的文字与图片配置可以产生协同效果，甚至两次的广告主张变异刺激也可以产生更加积极的广告认知度。第二类研究多关注序列刺激的不同媒体形式差异对传播效果的影响。例如，有研究发现序列刺激的感知模式差异可以产生协同效果，如广播媒体与动态视频媒体有加强作用（Edell & Keller，1989）。其他类似研究也发现不同感知模式差异有利于提供多编码通道（Dijkstra et al.，2005；Voorveld et al.，2011）。还有部分研究关注了不同媒体负载信息量差异、信息发起源差异产生的协同作用（Chatterjee，2012；Wang & Nelson，2006）。总之，这些研究之所以认为序列刺激的差异会产生协同效应，无论是内容上的差异，还是媒体形式上的差异，最终会导致个体在认知编码过程中形成更加丰富的记忆结构。研究 2B 中广播式与交互式两种媒体信息处理水平差异是媒体形式差异的一种，同样通过形成更加强化的产品记忆与产品识别，产生了协同效应。

基于 H2d、H2e 成立的基础上，H2f 得以验证。回答问题组的在线广播式媒体、在线交互式媒体二者协同刺激产生了协同效应，但不回答问题组却相反，因此前者表现出更高的产品回忆和产品识别。

六、本章小结

研究 2B 运用实验法对在线广播式媒体与在线交互式媒体的协同效应存在的必要条件进行了研究。将两种媒体的"处理水平有差异"作为协同效应存在的必要条件进行了研究，通过比较不回答问题组与回答问题组的差异，验证了二者协同效应存在的必要条件"处理水平有差异"。为了达到该研究目的，研究 2B 将在线广播式媒体、在线交互式媒体分别操作为笔记本电脑主页、笔记本电脑论坛两种媒体形式，并制作成几组序列刺激网页广告；将处理水平是否有差异通过点击按钮回答问题、点击按钮不回答问题来实现操作化；通过比较各组被试的产品回忆、产品识别水平验证了假设。最后就研究结果进行了讨论，认为在线广播式媒体与在线交互式媒体之间刺激信息处理水平差异导致形成了更加丰富的记忆结构，这也是其协同效应存在的内在机制。

第七章

研究3：不同次序媒体协同对产品记忆的作用差异研究

一、实验目的与实验设置

前文研究验证了在线广播式媒体与在线交互式媒体协同效应存在性，以及协同效应存在的内在机制。研究3将验证H3，即验证不同次序的媒体协同效应差异。由于对论坛广告记忆检索分配的认知资源量差异，我们认为广播式—交互式（B-I）、交互式—广播式（I-B）的协同效应具有差异。

我们选择了76名在校大学生作为研究被试，通过参与实验获得学分。研究3设计了一个2（次序类型：B-I、I-B）的组间设计。将媒体次序作为一个组间因素，被试随机分为两个组：广播式—交互式（B-I）、交互式—广播式（I-B）。

二、实验刺激物

研究 3 实验刺激物为网页展示广告，在线广播式媒体广告通过将某产品广告内置于某虚拟公司网页来实现，在线交互式媒体广告通过将某产品广告内置于某虚拟产品论坛网页来实现。因此，实验刺激物包括产品广告、实验网页、各实验组所需网页广告组合三部分。

（一）产品广告制作

实验网页广告包括图片和文字两部分，文字部分由产品广告主张组成。选择了 22 名学生参与完成实验产品广告制作，产品广告制作过程主要包括三方面内容。

1. 目标产品选择

在研究 3 中，实验广告目标产品是中性笔，中性笔也是大学生常常接触的产品之一。

2. 产品图片选择与制作

通过 Google 搜索引擎搜索某中性笔品牌的系列广告图片。在所有相关图片中，选择了 2 张展示类型图片作为广告图片。为了减少已有品牌知识与经验对实验结果的影响，制作虚拟品牌作为本次实验品牌。因此，将图片中明显的图标、Logo 等进行处理。将中性笔图片进行了统一规格的渲染处理，保持大小一致，适应于网页内置图片规格要求。实验 3 所选择的中性笔图片最终效果如图 7 – 1 所示。

3. 广告产品主张制作

（1）进行产品主张材料制作，包括 1 条标题 16 条产品主张。为实验虚拟品牌中性笔图片 A、B 分别制作了 8 条产品主张，共得到 16 条产品主

A：中性笔图片

B：中性笔图片

图 7 - 1　研究 3 实验图片

张。这些产品主张的来源与制作过程与研究 1 相同，通过网络搜索和研究小组创作来制作产品主张。所有产品主张均经过研究小组成员润色与评价。除了 16 条产品主张外，另由研究小组拟定 1 条标题，标题内容是"Colorful 中性笔，时尚潮流，写意人生"。

（2）进行产品主张重要性评价。通过问卷调查收集产品主张重要性评分（1 = 对我一点都不重要，7 = 对我十分重要），要求被试就上述产品主张进行重要性评价。本次共发放了 55 份调查问卷，去掉两份填写不合格问卷，得到有效问卷 53 份。

（3）按照重要性均值得分从高到低的顺序排列，将得分过低的产品主张予以剔除或重新改写，最终保证16条产品主张均获得较高重要性评价，研究3的实验产品主张重要性评价如表7-1所示。

表7-1　研究3中性笔广告产品主张重要性评价

产品主张	重要性评价均值（SD）	所在位置
独特的油墨碳素配方，书写痕迹保持更持久	5.60	A图片下方1
有薰衣草等多种花香，气味清新，提升书写心情	6.32	A图片下方2
特殊造型更具艺术品质	6.01	A图片下方3
专业的笔身工学设计，长久书写不乏累	6.22	A图片下方4
笔芯采用钛金属制作，墨水出水均匀，书写流畅而不伤纸	6.43	A图片下方5
特殊的笔珠制作工艺，墨水使用时间更持久	5.65	A图片下方6
笔芯墨水原料更环保，对环境更友好	5.90	A图片下方7
外观图饰更具时尚感，引领一种潮流	4.78	A图片下方8
进口油墨，形成字迹耐水、耐晒，不易渗透且保存持久	5.78	B图片下方1
有多种果香，无毒无害，气味清新，让人心情舒畅	6.21	B图片下方2
整体造型别致新颖	5.97	B图片下方3
笔身符合工学设计，最大程度保护手指关节，降低疲劳程度	6.75	B图片下方4
笔尖工艺精细，书写连续顺滑，操控精确	5.70	B图片下方5
精细笔珠设计工艺，防止漏墨，持久使用	6.02	B图片下方6
采用环保笔墨，减少重金属污染	6.06	B图片下方7
外观简约时尚，引领潮流	5.22	B图片下方8

（二）实验网页制作

研究1将制作两类网页：一类代表在线广播式媒体，即中性笔主页；另一类代表在线交互式媒体，即中性笔论坛网页。将中性笔图片A分别放置于两类网页中，将中性笔图片 B 也分别放置于两类网页中，本次实验共制作了四个网页。将四个网页分别进行分组，分别代表在线广播式媒体广告—在线交互式媒体广告、在线交互式媒体广告—在线广播式媒体广告。

1. 公司主页制作

该中性笔主页包括五部分内容：公司任务栏、广告图片、广告文字、底边框、背景，整个网页大小为两屏。

（1）网页公司任务栏采用传统格式，包括虚拟产品品牌名称"Colorful"以及其他分任务图标，与研究 1 相同。产品品牌名称"Colorful"是绿色字体。为了更加接近现实网页，将 6 项任务图标设置为点击无外部链接的静态图标。

（2）广告图片放置。将中性笔图片放置于任务栏下方，占据一屏的网页空间。

（3）广告文字放置。将广告文字放置于广告图片下方，同底边框共占了网页的 1/2 空间。第一条是文字标题，"Colorful 中性笔，时尚潮流，写意人生"。8 条产品主张依次排列在文字标题的下方，逐条分列。

（4）底边框设置。为了呼应网页任务栏中绿色的产品品牌名称，我们将底边框颜色设置为绿色，底边框其他设置同研究 1 中的设置。

（5）背景设置。背景设置同研究 1。

2. 产品论坛网页制作

研究 3 将在线交互式媒体操作化为中性笔论坛网页，被试不仅可以浏览网页图片、文字等内容，而且可以进行输入文字、回答问题等交互行为。该产品论坛网页包括六部分内容：左边框任务栏、广告图片、广告文字、底边框、背景、交互按钮与内容，整个网页大小为两屏。

（1）左边框任务栏包括标题产品论坛、News Information 以及下一级任务图标手机讨论区、电脑讨论区、配件讨论区、产品中心（Products）四项。将任务图标设置为静态图标，与研究 1 相同。

（2）广告图片放置。将手机图片放置于任务栏下方，占据一屏网页空间。

（3）广告文字放置。将广告文字放置于广告图片下方，同底边框共占了网页的1/2，即占据一屏空间。第一条是文字标题，"Colorful中性笔，时尚潮流，写意人生"。8条产品主张依次排列在文字标题的下方，逐条分列。

（4）底边框设置。底边框背景与格式与中性笔主页相同。

（5）背景设置与研究1相同。

（6）交互按钮与内容制作。交互通过"我要评论"按钮来实现，点击该按钮会弹出对话框，要求被试回答8个交互问题。8个交互问题是中性笔论坛区别于中性笔主页的关键，其制作过程如下：首先，征集了10名被试学生，展示已制作好的两则广告，告知他/她们将会与朋友讨论广告中的中性笔。其次，要求被试以提问朋友的口气和措辞，列出16个最想知道或最想分享的问题。最后，将所有的问题进行汇总，从中遴选出16个提问频率最高的问题，作为研究3中的交互问题，最终获得的交互问题如表7-2所示。

表7-2　研究3中性笔论坛交互问题

位置	交互问题
A广告—问题1	墨水的香味对身体有害吗
A广告—问题2	有没有多种颜色
A广告—问题3	钛金属制作笔芯，会不会提高成本
A广告—问题4	这家中性笔只有时尚款吗？我想要一支复古类型的中性笔，可以吗
A广告—问题5	这个设计在什么方面体现出了艺术
A广告—问题6	笔杆是塑料做的，也环保吗
A广告—问题7	一支中性笔的寿命会有多久
A广告—问题8	这种中性笔是面对高端市场，还是普通消费者呢
B广告—问题1	进口的贵吧？那是不是还要买配套的笔芯才行
B广告—问题2	果香或许不是消费者的首选
B广告—问题3	这种中性笔面对哪种类型的消费者呢
B广告—问题4	造型上如何展示它的别致新颖呢
B广告—问题5	中性笔笔尖的粗细对书写有什么影响吗

位置	交互问题
B 广告—问题6	墨水会造成重金属污染，那么对使用者是不是也会有危害
B 广告—问题7	总共有多少种颜色
B 广告—问题8	能更换笔芯吗

（三）网页广告组合制作

经过上述两阶段的广告及网页制作，形成 A 中性笔主页、A 中性笔论坛、B 中性笔主页、B 中性笔论坛。将 A 中性笔主页与 B 中性笔论坛、A 中性笔论坛与 B 中性笔主页组合，形成最终网页广告刺激物，分别代表在线广播式媒体—在线交互式媒体（B－I）、在线交互式媒体—在线广播式媒体（I－B）。

将两组网页通过浏览定时、自动链接、自动退出处理，制作成两个网页序列刺激。以 A 中性笔主页与 B 中性笔论坛序列刺激为例，每个网页广告浏览定时 120 秒。在 A 中性笔主页持续 120 秒后，自动链接到 B 中性笔论坛，B 中性笔论坛持续 120 秒后，网页将自动退出。最终，共制作了两个序列网页广告刺激物（见附录一）。

三、实验过程

在实验开始之前，网页中的所有外部网络链接均被移除。首先，为了让被试认真处理本次实验广告，我们强调了本次实验的重要性（Chaiken & Maheswaran，1994）。告知被试如下内容：本次测试是某公司与本院进行的校企合作项目之一，进行产品广告预测试，你们的反馈意见对于他们后期的产品改进具有重要的意义。其次，告知评价组的被试如下内容：在实验结束后将会对论坛广告具体信息、喜好程度进行评价，根据反馈情况给予奖品。不评价组则不告知该信息。再次，给被试展示两组序列网页广告，每组对应一组序列网页广告刺激。被试浏览第一次广告刺激持续 120 秒，网页自动跳转到第二次广告刺激，同样持续 120 秒，直到网页自动退出。在该过程中，接受论坛网页广告的被试需要点击网页下方"我来评论"按钮，并回答交互问题。最后，要求被试填写关于该产品的产品记忆测量量表。由实验组织人员将问卷收集完成后，本次实验宣告结束。

四、实验结果

用产品记忆作为因变量，次序类型（B-I、I-B）作为自变量，进行了单因素方差分析（One-way ANCOVA），比较 B-I 与 I-B 的协同刺激差异，描述统计结果如表 7-3 所示。

表 7-3　不同次序媒体协同刺激描述统计结果

变量	因素	均值	标准差	95% 置信区间		显著性水平
				下限	上限	
产品回忆	(B-I)	5.889	1.278	5.253	6.525	0.389
	(I-B)	4.864	1.457	4.218	5.510	
产品识别	(B-I)	9.000	1.328	8.339	9.661	0.205
	(I-B)	9.591	2.016	8.697	10.485	

注：B-I 为初次接受中性笔主页媒体暴露刺激，再接受一次中性笔论坛媒体暴露刺激；I-B 为初次中性笔论坛媒体暴露刺激，再接受一次中性笔主页媒体暴露刺激。

将媒体次序（先广播式后交互式、先交互式后广播式）作为自变量，产品回忆与产品识别作为因变量，进行了单因素方差分析（One – way AN-COVA），结果如表 7 – 4 所示。

表 7 – 4　不同次序媒体协同刺激结果比较

变量	媒体暴露		t	显著性
	先广播式后交互式刺激 （B – I）	先交互式后广播式刺激 （I – B）		
产品回忆	5. 889	4. 864	5. 464	0. 025
产品识别	9. 000	9. 591	1. 139	0. 293

注：同表 7 – 3。

根据表 7 – 4 的研究结果我们发现，比较先广播式后交互式组、先交互式后广播式组的协同刺激差异，前者协同刺激比后者协同刺激产生更高的产品回忆（$M_{B-I} = 5.889$，$M_{I-B} = 4.864$），并且该差异显著（$t = 5.464$，$p = 0.025$）。但是，前者协同刺激与后者协同刺激在产品识别上却并无差异（$M_{B-I} = 9.000$，$M_{I-B} = 9.591$），该差异并不显著（$t = 1.139$，$p = 0.293$）。以上结果说明，在产品回忆方面，先广播后交互刺激（B – I）的协同效应大于先交互后广播刺激（I – B）的协同效应；在产品识别方面，二者没有发现明显差别。

五、结论与讨论

研究 3 采用实验研究方式，对在线广播式媒体、在线交互式媒体二者不同次序媒体刺激的协同效应差异进行了检验，比较了先广播式后交互式、先交互式后广播式两种协同刺激类型对产品回忆、产品识别的作用，我们对假设验证情况总结如表 7 – 5 所示。

表7-5　研究3的研究假设验证结果汇总

序号	假设	结果
H3a	先在线广播式后交互式刺激比先在线交互式后广播式对产品回忆产生更大协同效应	支持
H3b	先在线广播式后交互式刺激比先在线交互式后广播式对产品识别产生更大协同效应	不支持

通过比较先在线广播式后交互式媒体刺激、先在线交互式后广播式媒体刺激对产品回忆的作用，发现前者产生的协同效应显著大于后者产生的协同效应，验证了H3a。通过比较先在线广播式后交互式、先在线交互式后广播式媒体刺激对产品识别的作用，发现前者产生的协同效应与后者产生的协同效应两者无显著差异，H3b未得以验证。

在H3a中，两次媒体刺激中一个是中性笔主页，另一个是中性笔论坛。在首次广告刺激后，消费者形成记忆痕迹。第二次广告刺激后，通过记忆检索与首次刺激记忆痕迹联系起来，将首次记忆痕迹与第二次记忆结构形成新的记忆结构（Edell & Keller, 1989）。先在线交互式后广播式次序情况下，高信息处理水平的交互式媒体形成更深的自传体记忆结果，需要分配更多认知资源用于检索该结构，从而分配更少的认知资源到广播式媒体信息处理活动中（理解和精致化），所以产生了对广播式媒体信息处理的抑制效应（Edell & Keller, 1989）。但是，在先广播式后交互式次序情况下，则不需要将更多认知资源用于检索广播式刺激形成的记忆结构，从而不会形成对第二次交互式刺激信息处理的抑制作用。因此，先广播式后交互式媒体次序总体上产生更高的记忆水平，而先交互式后广播式媒体次序由于抑制作用产生较低记忆水平，H3a得以验证。

H3b未得到验证，根据假设推导，被试在接受先广播式后交互式次序刺激后比先交互式后广播式次序刺激产生更高的产品识别。但是，实验检验结果显示二者的产品识别水平并无显著差异，与H3b相违背。造成该实验结果的原因可能有：一方面是产品识别测量本身带来的。在本实验的产品识别测量中，就广告产品主张进行提问，要求被试判断与原广告主张是否一致，通过统计问题判断正确数量来测量产品识别水平的。该测量方法属于记忆测量中的提示回忆法，与产品回忆测量的最大区别在于会提供问题提示。通过问题提示，被试可能获得对原浏览信息更积极的唤醒，从而将前述抑制效应带来的记忆差异抵消掉了。另一方面是产品识别测量问题比较容易，从而降低了对被试产品识别记忆水平测量的区别效度。

六、本章小结

研究3运用实验法对在线广播式媒体、在线交互式媒体的不同次序媒体刺激的协同效应差异进行了研究。通过比较先广播式后交互式媒体刺激、先交互式后广播式媒体刺激对产品记忆的作用，来检验不同次序媒体协同效应的差异。为了达到该研究目的，研究3将在线广播式媒体、在线交互式媒体分别操作为中性笔主页、中性笔论坛两种媒体形式，并制作成几组序列刺激网页广告。通过比较各组被试的产品回忆水平与产品识别水平，验证了H3a，但是H3b未得到验证。最后，就研究结果进行了讨论，认为先广播式后交互式会产生更高的协同效应。同时，就H3b并未得以验证做出了解释。

第八章

研究4A：产品涉入度对不同媒体协同效应的调节作用研究

一、实验目的与实验设置

研究4A验证H4，不同产品涉入度对协同效应具体调节作用，即产品涉入度对H2的调节作用。通过比较高、低产品涉入度情况下协同效应的大小，验证不同产品涉入度对协同效应的调节作用。

我们选择了116名在校大学生作为研究被试，通过参与实验获得学分。研究4A设计了一个2（产品类型：高涉入度、低涉入度）的组间设计。第一，将产品类型（高涉入度、低涉入度）作为一个组间因素，因此选择两种不同涉入度产品进行实验。第二，构建产品记忆指标，作为实验因变量。将被试随机分配到两大类中（高涉入度、低涉入度），然后在每大类内部随机分为四个组：广播式—交互式（B-I）、交互式—广播式（I-B）、广播式—广播式（B-B）、交互式—交互式（I-I）。通过比较不同产品涉入度情况下协同刺激组的效果差异，验证产品涉入度的调节作用。

二、实验刺激物

研究 4A 的实验刺激物为网页广告，在线广播式媒体通过某产品主页来实现，在线交互式媒体某产品论坛网页来实现。因此，实验刺激物包括产品广告、实验网页、各实验组所需网页广告组合三部分。

（一）产品广告制作

本实验产品广告包括图片文字两部分，文字由产品主张组成。我们选择了 22 名学生参与完成实验产品广告制作，制作内容与过程如下：

1. 目标产品选择

研究 4A 将某品牌笔记本电脑作为高涉入度产品，某品牌洗衣液作为低涉入度产品。

2. 目标产品广告图片选择与制作

（1）准备某品牌笔记本电脑图片，通过 Google 搜索引擎搜索某笔记本电脑品牌系列广告图片。在所有相关图片中，去掉单独手机呈现的广告图片，选择了多机型、多色彩展示图片，可以有效吸引被试的实验投入度。选择了 2 张笔记本电脑广告图片。

（2）准备某品牌洗衣液图片。为了减少品牌熟悉度对实验结果的影响，排除了国内热门洗涤品牌，选择了某款国外洗衣液品牌。通过 Google 搜索引擎获得了 2 张洗衣液广告图片。

（3）为了减少已有品牌知识、经验对实验的影响，将图片进行了虚拟品牌化处理。将 4 张图片中明显的图标、Logo 等进行去除和渲染处理。

（4）将 4 张笔记本电脑、洗衣液图片按照网页内置图片规格要求进行了统一规格拼接处理，保持大小一致。研究 4A 所选择的图片最终效果如

图 8 -1 和图 8 -2 所示。

A：笔记本电脑图片

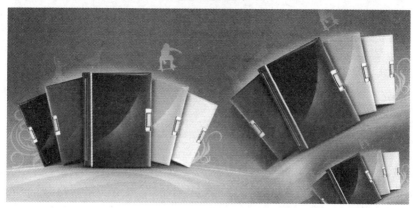

B：笔记本电脑图片

图 8 -1　研究 4A 实验笔记本电脑图片

3. 广告产品主张制作

本次实验需要准备两部分产品主张材料：一是笔记本电脑产品主张材料；二是洗衣液产品主张材料。第一部分：笔记本电脑产品主张材料制作，包括 1 条标题、16 条产品主张。本次实验的笔记本电脑产品主张采纳研究 2B 中的笔记本电脑产品主张材料。第二部分：洗衣液产品主张材料制作。分别为虚拟洗衣液图片 A、B 制作了 8 条产品主张，共得到 16 条产

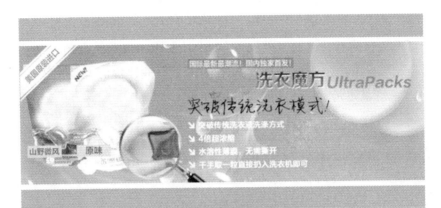

A：洗衣液图片

B：洗衣液图片

图8-2　研究4A实验洗衣液图片

品主张。产品主张主要有两个来源：一方面，通过网络搜索该洗衣液的历史广告，重新改写与润色；另一方面，组织研究小组进行产品主张创作。除产品主张材料外，另由研究小组拟定1条标题，标题内容包为"Cool-White洗衣魔方，国际最新潮流，国内独家首发"，其中"Cool-White"为虚拟品牌名称。然后，进行产品主张重要性评价。为了达到良好的刺激效果，需要获得对被试较重要的产品信息，因此，通过问卷调查收集产品主张重要性评分（1=对我一点都不重要，7=对我十分重要），要求被试就上述产品主张进行重要性评价。本次共发放了55份调查问卷，去掉3份填写不合格问卷，得到有效问卷52份。剔除掉得分过低的产品主张，并重新改写，最终保证获得16条具有较高重要性评价的产品主张。研究4A洗衣液产品主张重要性评价如表8-1所示。

表8-1　研究4A洗衣液产品主张重要性评价

产品主张	重要性评价均值（SD）	所在位置
突破传统洗衣液洗涤方式，更方便，用量易操作	6.25	A图片下方1
有效理顺和呵护织物纤维，使衣物维持蓬松和柔软	6.50	A图片下方2
4倍超浓缩，一粒解决大问题	4.76	A图片下方3
有效减少纤维织物之间的摩擦，去除静电	5.09	A图片下方4
水溶性薄膜，无须撕开	4.37	A图片下方5
留香持久，有效去除衣物上的各种异味，多种香味选择	6.26	A图片下方6
干手取一粒直接扔入洗衣机即可，无须搅拌	5.42	A图片下方7
洗后织物不易变形，不易起皱，衣物舒展自如，便于打理	6.08	A图片下方8
真正超浓缩，低泡无磷，极易过洗干净	6.67	B图片下方1
适合每日洗涤	4.55	B图片下方2
在保护衣物色彩的同时，能有效去除顽固污渍	6.08	B图片下方3
真丝、羊毛、羽绒服全能洗，干洗、特殊处理衣物除外	6.88	B图片下方4
能使白色衣物更亮白，彩色衣物更鲜艳，却不损伤织物	6.01	B图片下方5
温和不伤面料	5.80	B图片下方6
有效去除渗入衣物纤维内部的污渍和体味汗味，衣物不易发霉发黄虫蛀	5.21	B图片下方7
洗后衣物具有淡淡的春天里山间野外清新的花香	4.99	B图片下方8

（二）　实验网页制作

研究 4a 将制作两类网页：一类代表在线广播式媒体，包括笔记本电脑主页、洗衣液主页；另一类代表在线交互式媒体，包括笔记本电脑论坛网页、洗衣液论坛网页。将笔记本电脑图片 A、B 分别放置于两类网页中；同样，将洗衣液图片 A、B 也分别放置于两类网页中。放置完成后，本次实验共制作了 8 个网页，并将 8 个网页分别进行分组。高产品涉入度组包括：笔记本电脑主页与笔记本电脑论坛网页、笔记本电脑论坛网页与笔记本电脑主页、笔记本电脑主页与笔记本电脑主页、笔记本电脑论坛网页与笔记本电脑论坛网页。低产品涉入度组包括：洗衣液主页与洗衣液论坛网页、洗衣液论坛网页与洗衣液主页、洗衣液主页与洗衣液主页、洗衣液论坛网页与洗衣液论坛网页。其中，笔记本电脑网页同研究 2B，下面介绍洗衣液网页制作过程。

1. 公司主页制作

研究 4A 将在线广播式媒体操作化为洗衣液主页，被试只能进行网页内容的浏览。该洗衣液主页包括五部分内容：公司任务栏、广告图片、广告文字、底边框、背景。

（1）网页公司任务栏居于最上方，包括洗衣液品牌名称"Cool - White"以及其他分任务图标。产品品牌名称"Cool - Whilte"同样设置为绿色字体。为了控制被试除浏览之外的其他行为，将分任务图标设置为静态图标，无链接内容。

（2）广告图片放置。将洗衣液图片放置于任务栏下方，占据一屏大小网页空间。

（3）广告文字放置。将广告文字放置于广告图片下方，同底边框共占据一屏的空间。第一条是文字标题，"Cool - White 洗衣魔方，国际最新潮流，国内独家首发"。8 条产品主张依次排列在文字标题的下方，逐条分列。

（4）底边框设置。为了呼应网页任务栏中绿色的产品品牌名称，将底边框颜色设置为绿色。在底边框中加入了文字内容"××××有限公司：

专业的产品 A、产品 B、产品 C、产品 D、产品 E 等产品供应商"。各个产品按钮均无网络链接。

（5）背景设置。背景设置同研究 1。

2. 产品论坛网页制作

研究 4A 将在线交互式媒体操作化为洗衣液论坛网页，被试不仅可以浏览网页图片、文字等内容，而且可以进行输入文字、回答问题等交互行为，信息的沟通方式是双向的。该洗衣液论坛网页包括六部分内容：左边框任务栏、广告图片、广告文字、底边框、背景、交互按钮与内容，整个网页大小为两屏。

（1）左边框任务栏采用一般产品论坛格式，标题"产品论坛"为绿色背景白色字体，下一级任务图标字体为绿色字体。将任务图标设置为静态图标，当被试点击之后无外部网络链接。

（2）广告图片放置。将图片放置于论坛最上面，占据一屏网页空间。

（3）广告文字放置。将广告文字放置于广告图片下方，左侧任务栏右方，同底边框共占据一屏空间。第一条是文字标题，"Cool – White 洗衣魔方，国际最新潮流，国内独家首发"。8 条产品主张依次排列在文字标题的下方。

（4）底边框设置。底边框背景及格式与洗衣液主页相同。

（5）背景设置。为了控制网页中其他非目标刺激物对被试的影响（Mandel & Johnson，2002），将论坛背景处理为白色。

（6）交互按钮与内容设置与制作。交互按钮通过可链接按钮"我来评论"来实现，当被试点击该按钮后，会弹出问题框，该问题框中呈现 8 个问题，要求被试以"知道"或"不知道"做出回答。除了按钮之外，8 个交互问题的制作过程如下：首先，征集了 15 名实验被试，将上述已制作好的两则广告展示给被试，告知被试他/她们将会就广告展示的洗衣液与朋友进行讨论。其次，要求被试以提问朋友的口气和措辞列出 16 个关于 Cool – White 洗衣液最想求问的问题。最后，将所有的问题进行汇总，从中遴选出 16 个提问频率最高的问题，作为研究 4A 中的 8 个交互问题材料，最终所获得的交互问题内容材料如表 8 – 2 所示。

表8-2　研究4A洗衣液论坛交互问题

位置	交互问题
A广告—问题1	会让衣物掉色吗
A广告—问题2	是否只用于机洗？手洗会伤手吗
A广告—问题3	跟一般洗衣液比，洗得干净吗，价格上跟洗衣液有无区别
A广告—问题4	为什么能去除静电？去静电效果好吗
A广告—问题5	一粒能洗几件衣物？如果衣物较少，用一粒不会浪费
A广告—问题6	价格是多少？会比传统洗衣液贵吗
A广告—问题7	适用于婴幼儿衣物、内衣等贴身衣物吗
A广告—问题8	为什么洗后不易变形
B广告—问题1	怎样做到既不伤面料又能洗得干净
B广告—问题2	一颗能洗多少件衣服
B广告—问题3	适合手洗，还是机洗时用
B广告—问题4	不会洗坏真丝吧
B广告—问题5	一次用量多少
B广告—问题6	只有一种香味吗？还有其他香味吗
B广告—问题7	去静电吗
B广告—问题8	香味够健康吗？有的皮肤会不会对那香味过敏

（三）网页广告组合制作

将图片放置于网页中，形成A笔记本电脑主页、A笔记本电脑论坛、B笔记本电脑主页、B笔记本电脑论坛以及A洗衣液主页、A洗衣液论坛、B洗衣液主页、B洗衣液论坛。分别将A笔记本电脑主页与B笔记本电脑论坛、A笔记本电脑论坛与B笔记本电脑主页、A笔记本电脑主页与B笔记本电脑主页、A笔记本电脑论坛与B笔记本电脑论坛进行两两组合，形成高产品涉入度组的实验刺激物，分别代表在线广播式媒体—在线交互式媒体（B-I）组、在线交互式媒体—在线广播式媒体（I-B）组、在线广播式媒体—在线广播式媒体（B-B）组、在线交互式媒体—在线交互式媒体（I-I）组。同样，低产品涉入度组的实验刺激物包括A洗衣液主页与 B 洗衣液论坛、A 洗衣液论坛与 B 洗衣液主页、A 洗衣液主页与 B 洗衣液主页、A 洗衣液论坛与 B 洗衣液论坛，分别代表在线广播式媒体—在线交互式媒体（B-I）组、在线交互式媒体—在线广播式媒体（I-B）组、在线广播式媒体—在线广播式媒体（B-B）组、在线交互式媒体—在线交互式媒体（I-I）组。

将各组网页通过浏览定时、自动链接、自动退出处理，分别将每两个网页制作成一个序列刺激。以 A 洗衣液主页与 B 洗衣液论坛为例，对每个网页广告进行浏览定时处理，时间长度为 120 秒。A 洗衣液主页持续 120 秒后，自动链接并打开 B 手机论坛。在 B 手机论坛持续 120 秒后，网页自动退出。最终，共制作了 8 个序列网页广告刺激物（见附录一）。

三、实验过程

本实验过程共有两个阶段：一是媒体形式操作化及其检验；二是实验刺激过程。

（一）媒体形式操作化

在媒体广告刺激后，通过被试是否回答问题（主页广告不回答、论坛广告回答）将不同的媒体形式（广播式、交互式）操作化。在广播式操作中，制作了一个广告，将其置于某公司主页中。在交互式操作中，将同样的广告内置于某产品论坛中，并要求被试看完广告后点击"我来评论"按钮并回答弹出框提出的 8 个问题，完成交互操作化。在本阶段，我们征集了 45 名被试进行操作化检验，检验了笔记本电脑、洗衣液的在线广播式、在线交互式是否存在处理水平差异。

（二）实验刺激过程

在实验开始之前，网页中的所有外部网络链接均被移除。首先，对被试进行了基本处理。有研究显示，被试媒体卷入度会影响在线广告的信息处理和信息感知相关度（Danaher & Mullarkey，2003）。为了让被试认真处理本次实验广告，我们告知被试如下内容：通过本次测试大家可以获得课程学分，本次测试是某公司与本院进行的校企合作项目之一，进行产品广告预测试，你们的反馈意见对于他们后期的产品改进具有重要的意义。其次，通过计算机给被试展示本次实验制作的八组序列网页广告，每组对应一组序列网页广告刺激。在高产品涉入度组向被试展示笔记本电脑对应的四组刺激物；在低产品涉入度组向被试展示洗衣液广告对应的四组刺激物。被试通过点击计算机桌面上的导航页进入实验刺激状态，浏览第一次广告刺激持续120秒，然后网页自动跳转到第二次广告刺激，持续时间同样为120秒，直到网页自动退出。在该过程中，接受论坛网页广告刺激的被试需要点击网页下方"我来评论"按钮，回答弹出的交互问题，输入"知道"或"不知道"。最后，要求被试分别填写关于笔记本电脑、洗衣液的产品记忆（产品回忆、产品识别）测量量表。由实验组织人员将问卷收集完成后，本次实验宣告结束。

四、实验结果

（一）媒体形式操作化检验

研究4A需要检验笔记本电脑主页、笔记本论坛网页的操作化，以及洗衣液主页、洗衣液论坛网页的操作化。主页与论坛的最大区别在于网页设计部分的评论按钮设置。为了检验该设计对区别两类媒体种类效果的有效性，通过认知变量产品记忆进行检验。首先进行笔记本电脑主页、笔记本电脑论坛的操作检验。结果显示，笔记本电脑主页与笔记本电脑论坛在产品回忆上产生显著差异（$M_{主页}=5.300$，$M_{论坛}=7.333$；$t=7.222$，$p=0.016$）；在产品识别上也产生显著差异（$M_{主页}=10.400$，$M_{论坛}=12.444$；$t=6.162$，$p=0.024$）。这说明被试通过笔记本电脑主页与论坛产生不同的记忆水平，操作化成功。其次进行洗衣液主页、洗衣液论坛的操作检验。结果显示，洗衣液主页与洗衣液论坛在产品回忆上产生显著差异（$M_{主页}=3.875$，$M_{论坛}=5.667$；$t=8.269$，$p=0.010$）；在产品识别上也产生显著差异（$M_{主页}=9.375$，$M_{论坛}=12.083$；$t=14.810$，$p=0.001$）。这说明洗衣液主页与论坛会激发不同的记忆水平，两者操作化成功。

（二）产品记忆

1. 笔记本电脑组内协同效应检验

将笔记本电脑组内的 B-I、I-B 构建为协同刺激组（B-I & I-B），将 I-I、B-B 构建为非协同刺激组（B-B & I-I），对协同刺激组、非协同刺激组进行了描述统计，结果如表 8-3 所示。

表 8-3　笔记本电脑主页、论坛媒体协同刺激组与
非协同刺激组描述统计结果

变量	因素	均值	标准差	95% 置信区间		显著性水平
				下限	上限	
产品回忆	（B-B & I-I）	4.550	1.820	3.698	5.402	0.033
	（B-I & I-B）	6.042	0.624	5.778	6.305	
产品识别	（B-B & I-I）	9.850	1.755	9.028	10.672	0.645
	（B-I & I-B）	11.292	1.601	10.616	11.968	

注：B-B 为两次笔记本电脑主页媒体暴露刺激；I-I 为两次笔记本电脑论坛媒体暴露刺激；B-I 为初次笔记本电脑主页媒体暴露刺激，再接受一次笔记本电脑论坛媒体暴露刺激；I-B 为初次笔记本电脑论坛媒体暴露刺激，再接受一次笔记本电脑主页媒体暴露刺激。

将是否协同（协同刺激组、非协同刺激组）作为自变量，产品回忆、产品识别作为因变量，进行了单因素方差分析（One - way ANCOVA），结果如表 8 - 4 所示。

表 8 - 4   协同刺激与非协同刺激结果比较

| 变量 | 媒体暴露 | | t | 显著性 |
	非协同刺激 （B - B & I - I）	协同刺激 （B - I & I - B）		
产品回忆	4. 550	6. 042	14. 178	0. 001
产品识别	9. 850	11. 292	8. 104	0. 007

注：同表 8 - 3。

根据表 8 - 4 的研究结果我们发现，笔记本电脑主页与笔记本电脑论坛协同刺激比非协同刺激产生更高的产品回忆水平（$M_{协同} = 6.042$，$M_{非协同} = 4.550$），并且该差异显著（$t = 14.178$，$p = 0.001$）。同样，协同刺激组比非协同刺激组也产生了更高的产品识别（$M_{协同} = 11.292$，$M_{非协同} = 9.850$），并且具有显著差异（$t = 8.104$，$p = 0.007$）。以上结果说明，在高产品涉入度组，笔记本电脑主页与笔记本电脑论坛的协同效应是存在的。

2. 洗衣液组内协同效应检验

将洗衣液组内的 B - I、I - B 构建为协同刺激组（B - I & I - B），将 I - I、B - B 构建为非协同刺激组（B - B & I - I），对协同刺激组、非协同刺激组进行了描述统计，结果如表 8 - 5 所示。

表 8 - 5   洗衣液主页、论坛媒体协同刺激组与非协同刺激组描述统计结果

| 变量 | 因素 | 均值 | 标准差 | 95% 置信区间 | | 显著性水平 |
				下限	上限	
产品回忆	（B - B & I - I）	5. 400	1. 188	4. 844	5. 956	0. 747
	（B - I & I - B）	7. 458	1. 414	6. 861	8. 055	

续表

变量	因素	均值	标准差	95%置信区间		显著性水平
				下限	上限	
产品识别	（B－B & I－I）	10.300	1.081	9.794	10.806	0.500
	（B－I & I－B）	11.208	1.141	10.726	11.690	

注：B－B 为两次洗衣液主页媒体暴露刺激；I－I 为两次洗衣液论坛媒体暴露刺激；B－I 为初次洗衣液主页媒体暴露刺激，再接受一次洗衣液论坛媒体暴露刺激；I－B 为初次洗衣液论坛媒体暴露刺激，再接受一次洗衣液主页媒体暴露刺激。

将是否协同（协同刺激组、非协同刺激组）作为自变量，产品回忆、产品识别作为因变量，进行了单因素方差分析（One－way ANCOVA），结果如表8－6所示。

表8－6　协同刺激与非协同刺激结果比较

变量	媒体暴露		t	显著性
	非协同刺激（B－B & I－I）	协同刺激（B－I & I－B）		
产品回忆	5.400	7.458	26.680	0.000
产品识别	10.300	11.208	7.248	0.010

注：B－B 为两次笔记本电脑主页媒体暴露刺激；I－I 为两次笔记本电脑论坛媒体暴露刺激；B－I 为初次笔记本电脑主页媒体暴露刺激，再接受一次笔记本电脑论坛媒体暴露刺激；I－B 为初次笔记本电脑论坛媒体暴露刺激，再接受一次笔记本电脑主页媒体暴露刺激。

根据表8－6的研究结果我们发现，洗衣液主页与洗衣液论坛协同刺激比非协同刺激产生更高的产品回忆水平（$M_{协同}$ = 7.458，$M_{非协同}$ = 5.400），并且该差异显著（t = 26.680，p = 0.000）。同样，协同刺激组比非协同刺激组也产生了更高的产品识别（$M_{协同}$ = 11.208，$M_{非协同}$ = 10.300），并且具有显著差异（t = 7.248，p = 0.010）。以上结果说明，在低产品涉入度组，洗衣液主页与洗衣液论坛的协同效应是存在的。

3. 笔记本电脑组协同效应与洗衣液组协同效应比较

比较笔记本电脑协同刺激组（B-I & I-B），与洗衣液协同刺激组（B-I & I-B）的差异，对两个协同刺激组进行了描述统计，如表8-7所示。

表8-7　手机主页、手机论坛媒体协同刺激组与非协同刺激组描述统计结果

变量	因素	均值	标准差	95%置信区间		显著性水平
				下限	上限	
产品回忆	笔记本电脑 （B-I & I-B）	7.458	1.414	6.861	8.055	0.838
	洗衣液 （B-I & I-B）	6.458	1.615	5.777	7.140	
产品识别	笔记本电脑 （B-I & I-B）	11.208	1.141	10.726	11.690	0.620
	洗衣液 （B-I & I-B）	11.042	1.233	10.521	11.562	

注：笔记本电脑B-I为初次笔记本电脑主页媒体暴露刺激，再接受一次笔记本电脑论坛媒体暴露刺激；笔记本电脑I-B为初次笔记本电脑论坛媒体暴露刺激，再接受一次笔记本电脑主页媒体暴露刺激；洗衣液B-I为初次洗衣液主页媒体暴露刺激，再接受一次洗衣液论坛媒体暴露刺激；洗衣液I-B为初次洗衣液论坛媒体暴露刺激，再接受一次洗衣液主页媒体暴露刺激。

将不同产品涉入度组协同刺激（笔记本电脑组、洗衣液组）作为自变量，产品回忆、产品识别作为因变量，进行了单因素方差分析（One-way ANCOVA），结果显示如表8-8所示。

根据表8-8的研究结果我们发现，笔记本电脑组协同刺激比洗衣液组协同刺激产生更高的产品回忆水平（$M_{笔记本电脑}$ = 7.458，$M_{洗衣液}$ = 6.458），并且该差异显著（t = 5.212，p = 0.027）。但是，笔记本电脑组协同刺激比洗衣液组协同刺激并未产生更高水平的产品识别（$M_{笔记本电脑}$ = 11.208，$M_{洗衣液}$ = 11.042），两者无显著差异（t = 0.236，p = 0.629）。以上结果说明，高产品涉入度情况下比低产品涉入度情况下协同刺激产生更高的产品回忆水平，但是两者对产品识别则没有显著差异。

表 8-8　笔记本电脑组协同刺激与洗衣液组协同刺激结果比较

变量	媒体暴露		t	显著性
	笔记本电脑组协同刺激 （B-I & I-B）	洗衣液协同刺激 （B-I & I-B）		
产品回忆	7.458	6.458	5.212	0.027
产品识别	11.208	11.042	0.236	0.629

注：笔记本电脑 B-I 为初次笔记本电脑主页媒体暴露刺激，再接受一次笔记本电脑论坛媒体暴露刺激；笔记本电脑 I-B 为初次笔记本电脑论坛媒体暴露刺激，再接受一次笔记本电脑主页媒体暴露刺激；洗衣液 B-I 为初次洗衣液主页媒体暴露刺激，再接受一次洗衣液论坛媒体暴露刺激；洗衣液 I-B 为初次洗衣液论坛媒体暴露刺激，再接受一次洗衣液主页媒体暴露刺激。

五、结论与讨论

研究 4A 采用实验研究方式，对产品涉入度对在线广播式、在线交互式媒体协同效应的条件作用进行了验证。首先，验证了高产品涉入度组内在线广播式媒体与在线交互式媒体对产品回忆和产品识别产生了协同效应。其次，验证了低产品涉入度组内，在线广播式媒体与在线交互式媒体对产品回忆和产品识别同样产生了协同效应。最后，通过比较高产品涉入度组协同刺激与低产品涉入度组协同刺激差异，验证了高产品涉入度情况下会产生更高水平产品回忆，但是高产品涉入度情况下并未产生比低产品涉入度情况下更高的产品识别水平。在该部分中，我们对假设验证情况的总结如表 8-9 所示。

针对笔记本电脑组内主页与论坛的协同刺激、非协同刺激结果，发现其协同刺激比非协同刺激产生更高水平产品回忆和产品识别，H4a 得以验证。针对洗衣液组内主页与论坛的协同刺激、非协同刺激结果，发现其协同刺激比非协同刺激具有更高水平产品回忆和产品识别，H4b 得以验证。

通过笔记本电脑组与洗衣液组协同刺激对产品回忆作用的结果差异，验证了H4c。通过笔记本电脑组与洗衣液组的协同刺激对产品识别的结果，发现两组协同刺激对产品识别的作用并无显著差异，H4d未得到验证。

表8–9 研究4A的研究假设验证结果汇总

序号	假设	结果
H4a	高产品涉入度情况下，在线广播式、交互式媒体具有协同效应	支持
H4b	低产品涉入度情况下，在线广播式、交互式媒体具有协同效应	支持
H4c	高产品涉入度比低产品涉入度对产品回忆产生更大的协同效应	支持
H4d	高产品涉入度比低产品涉入度对产品识别产生更大的协同效应	不支持

H4a、H4b之所以得以验证，其原因与研究2相同。因为被试通过记忆检索，将第二次刺激信息与原有记忆进行整合，从而形成新的加强的记忆结构，表现为协同刺激比非协同刺激产生更高的产品回忆、产品识别。

H4c之所以得以验证，因为在高产品涉入度情况下比低产品涉入度情况下投入更多的认知资源，在信息处理过程中精致化程度更高，从而产生更高的产品回忆。产品涉入度越高，个体倾向于对目标产品产生更高的重视程度以及付出更多时间、精力等认知资源进行相关产品信息的处理，激发更高的内在心理动机状态。H4c的结论与其他一些研究具有一致性，同样由于高产品涉入度而产生更高的产品记忆和行为意愿等。高产品涉入度产生高处理动机，低产品涉入度产生低处理动机，不同的处理动机与不同量的认知处理资源相匹配（Keller & Block，1997；Coulter & Punj，2004）。高产品涉入度情况下个体对产品属性进行深入思考，处理更加精致化，从而形成产品信念、品牌态度、购买意愿等，而低产品涉入度情况下个体进行边缘处理路线，调动更低的信息处理动机关注边缘化的非产品信息，从而形成非产品信念和广告态度等。

H4d未得以验证，结果与假设相违背。根据假设推导，高产品涉入度情况下同样会分配更高水平认知处理资源，从而产生更高水平的产品识别。造成该实验结果的原因可能来自产品识别测量。本实验产品识别测量采用记忆测量中的提示回忆法，与产品回忆测量的最大区别在于会提供问题提示。通过产品主张问题提示，被试可能获得对原浏览产品主张信息更积极的唤醒，从而无论是高涉入度组还是低涉入度组，最终均会表现出很高的产品识别水平。因此，高产品涉入度情况下协同刺激、低产品涉入度情况下协同刺激对产品识别的作用表现为无显著差异。

六、本章小结

研究 4A 运用实验法对产品涉入度对在线广播式、在线交互式媒体协同效应的条件作用进行了验证。研究 2A 通过比较高产品涉入度组与低产品涉入度组的差异，验证了产品涉入度对协同效应的调节作用。为了达到该研究目的，研究 4A 选择笔记本电脑作为高产品涉入度产品，选择洗衣液作为低产品涉入度产品；将在线广播式媒体操作化为笔记本电脑主页、洗衣液主页，将在线交互式媒体操作化为笔记本电脑论坛、洗衣液论坛；通过比较各组被试的产品回忆、产品识别水平验证了假设。最后就研究结果进行了讨论，认为产品涉入度越高，在线广播式与在线交互式媒体协同的协同效应越大。

第九章
研究 4B：产品涉入度对不同媒体协同效应的调节作用研究

一、实验目的与实验设置

研究 4B 为了进一步验证产品涉入度对协同效应的调节机制，通过对被试参与目标进行操控，验证调节作用产生的作用机制。按照理论推导，在高产品涉入度情况下比低产品情况下消费者会投入更多认知资源，进而产生更大的协同效应，那么，就可以通过操控被试认知资源投入来验证该理论机制。

我们选择了 96 名在校大学生作为研究被试，通过参与实验获得学分。研究 4B 设计了一个 2 （是否激励：有奖品激励，无奖品激励） 的组间设计。第一，将是否激励 （有奖品激励，无奖品激励） 作为一个组间因素。在有奖品激励组，我们告知被试在实验后将会依其量表填写情况发放奖品。在无奖品激励组，不予告知任何信息。第二，将被试随机分配到两大组中 （有奖品激励、无奖品激励），然后在每大组内部随机分为四个组：广播式—交互式 （B‑I）、广播式—广播式 （B‑B）、交互式—广播式

（I－B）、交互式—交互式（I－I）。将（B－I）、（I－B）构建为协同刺激组（B－I＆I－B），将（B－B）、（I－I）构建为非协同刺激组（B－B＆I－I）。通过比较不同奖品激励情况下协同刺激的效果差异，验证产品涉入度的调节机制。

二、实验刺激物

研究4B的实验刺激物为网页展示广告，在线广播式媒体通过将某产品网页来实现，在线交互式媒体通过某产品论坛网页来实现。因此，实验刺激物包括产品广告、实验网页、各实验组所需网页广告组合三部分。

（一）产品广告制作

我们选择了25名学生参与完成实验广告制作，实验广告是平面静态广告，包括图片和文字两部分，文字部分由产品广告主张组成。产品广告制作过程主要包括三方面内容：

1. 目标产品选择

在研究4B中，实验广告目标产品为中性笔。

2. 目标产品广告图片选择与制作

（1）研究4B通过Google搜索引擎搜索某中性笔品牌的系列广告图片，选择了2张中性笔展示图片作为广告图片。

（2）为了减少已有品牌知识与经验对实验结果的影响，将图片中明显的图标、Logo等进行消除与渲染处理。

（3）将中性笔图片按网页内置图片规格要求进行统一规格的制作，保持大小格式一致。研究4B所选择的中性笔图片最终效果如图9－1所示。

A：中性笔图片

B：中性笔图片

图 9 - 1　研究 4B 实验图片

3. 广告产品主张制作

（1）进行产品主张材料制作，包括 1 条标题 16 条产品主张。本次分别为实验虚拟品牌手机图片 A、B 制作了 8 条产品主张，共得到 16 条产品主张，即手机具有两个版本的产品主张。

（2）进行产品主张重要性评价。通过问卷调查收集产品主张重要性评分（1 = 对我一点都不重要，7 = 对我十分重要），要求被试就上述产品主张进行重要性评价。

（3）按照重要性均值得分从高到低的顺序排列，通过剔除或重新改写，最终保证获得 16 条具有较高重要性评价产品主张。研究 4B 的实验广告产品主张、重要性评价同研究 3，如研究 3 中的表 7 – 1 所示。

（二） 实验网页制作

研究 4B 将制作两类网页：一类代表在线广播式媒体的中性笔主页；另一类代表在线交互式媒体的中性笔论坛网页。将中性笔图片 A 分别放置于两类网页中；同样，将中性笔图片 B 也分别放置于两类网页中，本次实验共制作了四个网页。

1. 公司主页制作

研究 4B 将在线广播式媒体操作化为中性笔主页，该中性笔主页包括五部分内容：公司任务栏、广告图片、广告文字、底边框、背景，整个网页大小为两屏。其中，网页任务栏格式、广告图片放置、广告文字放置、底边框设置、背景设置等均与研究 3 相同。

2. 产品论坛网页制作

研究 4B 将在线交互式媒体操作化为中性笔论坛网页，被试不仅可以浏览网页图片、文字等内容，而且可以进行输入文字、回答问题等交互行为。该产品论坛网页包括六部分内容：左边框任务栏、广告图片、广告文字、底边框、背景、交互按钮与内容，整个网页大小为两屏。其中，左边框任务栏、广告图片放置、广告文字放置、底边框设置、背景设置均与研究 3 中的论坛网页相同。另外，交互通过可链接按钮"我来评论"实现，当被试点击该按钮后，会弹出链接对话框，该对话框中呈现 8 个交互问题，并要求被试输入文字以做出回答。8 个交互问题的制作过程及最终材料与研究 3 中相同，最终交互问题材料如研究 3 中的表 7 – 2 所示。

（三） 网页广告组合制作

经过广告及网页制作，形成 A 中性笔主页、A 中性笔论坛、B 中性笔主页、B 中性笔论坛。将 A 中性笔主页与 B 中性笔论坛、A 中性笔论坛与B 中性笔主页、A 中性笔主页与 B 中性笔主页、A 中性笔论坛与 B 中性笔论坛进行两两组合，形成最终网页广告刺激物，分别代表在线广播式媒体—在线交互式媒体（B－I）组、在线交互式媒体—在线广播式媒体（I－B）组、在线广播式媒体—在线广播式媒体（B－B）组、在线交互式媒体—在线交互式媒体（I－I）组。

　　将各组网页通过浏览定时、自动链接、自动退出处理，分别将两个网页广告形成一个序列刺激。以 A 中性笔主页与 B 中性笔论坛为例，对每个网页广告进行浏览定时处理，时间长度为 120 秒。在 A 中性笔主页持续 120 秒后，通过自动链接处理，将自动链接并打开 B 中性笔论坛。在 B 中性笔论坛持续展示 120 秒后，网页将自动退出。最终，共制作了四个序列网页广告刺激物（见附录一）。

三、实验过程

　　本实验过程共有两个阶段：一是认知资源投入量操作化及其检验；二是实验刺激过程。

（一）认知资源投入操作化

　　通过是否激励被试（高认知资源投入量组进行激励、低认知资源投入量组不激励）来将认知资源投入量（高投入量、低投入量）操作化。在高认知资源投入量组，通过实验前给予礼品激励，告知被试礼品是作为对他们的感谢。在低认知资源投入量组，不进行任何礼品激励，也不告知任何信息。在本阶段，我们征集了 41 名被试进行操作化检验，比较两组网页是否存在处理水平差异。

（二）实验刺激过程

　　在实验开始前，网页中的所有外部网络链接均被移除。然后，进行实验背景交代。我们告知被试如下内容：本次测试是某公司与本院进行的校企合作项目之一，进行产品广告预测试，你们的反馈意见对于他们后期的产品改进具有很大的意义。

　　首先将被试分为激励组与不激励组，在激励组内，提前将礼品放置于被试桌面上，并告知被试：本次实验为了感谢同学们的积极参与，赠送每人一份小礼品，就是桌面上的笔记本，谢谢大家！在不激励组，则不放置任何礼品，不告知任何信息。其次通过计算机给被试展示本次实验制作的四组序列网页广告，每组对应一组序列网页广告刺激。被试浏览第一次广告刺激持续 120 秒，网页自动跳转到第二次广告刺激，持续时间同样为 120 秒，直到网页自动退出。在该过程中，接受论坛网页广告刺激的被试需要点击网页下方"我来评论"按钮，回答后台提供的交互问题。最后要求被试填写关于产品回忆与产品识别测量量表。由实验组织人员将问卷收集完成后，本次实验宣告结束。

四、实验结果

（一）认知资源投入操作检验

　　研究 4B 为了检验不同产品涉入度的认知资源投入量是产生不同协同效应的原因，将认知资源投入量通过被试激励组、被试不激励组来实现。高产品涉入度对应高认知资源投入量，通过激励组来实现；低产品涉入度对应低认知资源投入量，通过不激励组来实现。为了检验该操作化对认知资源投入量区别化的有效性，通过比较激励组与不激励组之间的非协同刺激效果来检验其有效性。检验结果显示，激励组与不激励组在产品回忆上具有显著差异（$M_{激励}=5.550$，$M_{不激励}=4.421$；$t=7.006$，$p=0.012$）；同样，二者在产品识别上也产生显著差异（$M_{激励} = 10.100$，$M_{不激励} = 8.474$；$t = 8.044$，$p = 0.007$）。这说明对被试是否激励分别将两组被试有效地操作为高认知资源投入组（高产品涉入度）、低认知资源投入组（低产品涉入度）。

（二）产品记忆

1. 激励组内协同效应检验

将激励组内的 B–I、I–B 构建为协同刺激组（B–I & I–B），将 I–I、B–B 构建为非协同刺激组（B–B & I–I），对协同刺激组、非协同刺激组进行了描述统计，结果如表 9–1 所示。

表 9–1 激励组媒体协同刺激与非协同刺激描述统计结果

变量	因素	均值	标准差	95% 置信区间		显著性水平
				下限	上限	
产品回忆	（B–B & I–I）	4.650	1.424	3.983	5.317	0.277
	（B–I & I–B）	6.375	1.056	5.929	6.821	
产品识别	（B–B & I–I）	9.400	2.371	8.290	10.510	0.003
	（B–I & I–B）	11.333	1.007	10.908	11.759	

注：B–B 为两次中性笔主页媒体暴露刺激；I–I 为两次中性笔论坛媒体暴露刺激；B–I 为初次中性笔主页媒体暴露刺激，再接受一次中性笔论坛媒体暴露刺激；I–B 为初次中性笔论坛媒体暴露刺激，再接受一次中性笔主页媒体暴露刺激。

将是否协同（协同刺激组、非协同刺激组）作为自变量，产品回忆、产品识别作为因变量，进行了单因素方差分析（One–way ANCOVA），结果如表 9–2 所示。

根据表 9–2 的研究结果我们发现，中性笔主页与中性笔论坛协同刺激比非协同刺激产生更高的产品回忆水平（$M_{协同} = 6.375$，$M_{非协同} = 4.650$），并且该差异显著（$t = 21.245$，$p = 0.000$）。同样，协同刺激组比非协同刺激组也产生了更高的产品识别（$M_{协同} = 11.333$，$M_{非协同} = 9.400$），并且具有显著差异（t = 13.160，p = 0.001）。以上结果说明，在激励组内，中性笔主页与中性笔论坛的协同效应是存在的，即高认知投入资源情况下，两种媒体间存在协同效应。

表9-2　协同刺激与非协同刺激结果比较

变量	媒体暴露		t	显著性
	非协同刺激 （B-B & I-I）	协同刺激 （B-I & I-B）		
产品回忆	4.650	6.375	21.245	0.000
产品识别	9.400	11.333	13.160	0.001

注：同表9-1。

2. 不激励组内协同效应检验

同样将不激励组内的 B-I、I-B 构建为协同刺激组（B-I & I-B），将 I-I、B-B 构建为非协同刺激组（B-B & I-I），对协同刺激组、非协同刺激组进行了描述统计，结果如表9-3所示。

表9-3　不激励组媒体协同刺激组与非协同刺激组描述统计结果

变量	因素	均值	标准差	95% 置信区间		显著性水平
				下限	上限	
产品回忆	（B-B & I-I）	4.421	1.346	3.772	5.070	0.367
	（B-I & I-B）	5.375	1.204	4.733	6.017	
产品识别	（B-B & I-I）	8.474	1.744	7.633	9.314	0.206
	（B-I & I-B）	10.250	1.291	9.562	10.938	

注：B-B 为两次中性笔主页媒体暴露刺激；I-I 为两次中性笔论坛媒体暴露刺激；B-I 为初次中性笔主页媒体暴露刺激，再接受一次中性笔论坛媒体暴露刺激；I-B 为初次中性笔论坛媒体暴露刺激，再接受一次中性笔主页媒体暴露刺激。

将是否协同（协同刺激组、非协同刺激组）作为自变量，产品回忆、产品识别作为因变量，进行了单因素方差分析（One‒way ANCOVA），结果如表 9‒4 所示。

表 9‒4　协同刺激与非协同刺激结果比较

变量	媒体暴露		t	显著性
	非协同刺激 （B‒B & I‒I）	协同刺激 （B‒I & I‒B）		
产品回忆	4.421	5.375	4.796	0.036
产品识别	8.474	10.250	11.342	0.002

注：同表 9‒3。

根据表 9‒4 的研究结果我们发现，中性笔主页与中性笔论坛协同刺激比非协同刺激产生更高的产品回忆水平（$M_{协同}$ = 5.375，$M_{非协同}$ = 4.421），并且该差异显著（t = 4.796，p = 0.036）。同样，协同刺激组比非协同刺激组也产生了更高的产品识别（$M_{协同}$ = 10.250，$M_{非协同}$ = 8.474），并且具有显著差异（t = 11.342，p = 0.002）。以上结果说明，在不激励组内，中性笔主页与中性笔论坛的协同效应是存在的，即在低认知资源投入情况下，两种媒体的协同效应存在。

3. 激励组协同效应与不激励组协同效应比较

比较激励组内的协同刺激（B‒I & I‒B），与不激励组内协同刺激（B‒I & I‒B）的差异，对两个协同刺激组进行了描述统计，如表 9‒5 所示。

表 9‒5　手机主页、手机论坛媒体协同刺激组与非协同刺激组描述统计结果

变量	因素	均值	标准差	95% 置信区间		显著性水平
				下限	上限	
产品回忆	激励组 （B‒I & I‒B）	6.375	1.055	5.930	6.821	0.798
	不激励组 （B‒I & I‒B）	5.375	1.204	4.733	6.017	

续表

变量	因素	均值	标准差	95%置信区间		显著性水平
				下限	上限	
产品识别	激励组 （B-I & I-B）	11.333	1.007	10.908	11.759	0.748
	不激励组 （B-I & I-B）	10.250	1.291	9.562	10.938	

注：B-I为初次中性笔主页媒体暴露刺激，再接受一次中性笔论坛媒体暴露刺激；I-B为初次中性笔论坛媒体暴露刺激，再接受一次中性笔主页媒体暴露刺激。

将不同激励组协同刺激（激励组、不激励组）作为自变量，产品回忆、产品识别作为因变量，进行了单因素方差分析（One - way ANCO-VA），结果如表9-6所示。

表9-6　笔记本电脑组协同刺激与洗衣液组协同刺激结果比较

变量	媒体暴露		t	显著性
	激励组协同刺激 （B-I & I-B）	不激励组协同刺激 （B-I & I-B）		
产品回忆	6.375	5.375	7.700	0.009
产品识别	11.333	10.250	8.858	0.005

注：同表9-5。

根据表9-6的研究结果我们发现，激励组协同刺激比不激励组协同刺激产生更高的产品回忆水平（$M_{激励组}$ = 6.375，$M_{不激励组}$ = 5.375），并且该差异显著（t = 7.700，p = 0.009）。同样，激励组协同刺激比不激励组协同刺激也产生更高水平的产品识别（$M_{激励组}$ = 11.333，$M_{不激励组}$ = 10.250），二者具有显著差异（t = 8.858，p = 0.005）。以上结果说明，高认知资源投入情况下比低认知资源投入情况下协同刺激产生更高的产品回忆和产品识别水平；该结果验证了高产品涉入度比低产品涉入度产生更大的协同效应。

五、结论与讨论

研究 4B 采用实验研究方式，对产品涉入度对在线广播式、交互式媒体协同效应调节作用的内在机制进行了验证。首先，验证了高产品涉入度组（激励组）在线广播式媒体与在线交互式媒体对产品回忆和产品识别产生了协同效应。其次，验证了低产品涉入度组（不激励组）在线广播式媒体与在线交互式媒体对产品回忆和产品识别同样产生了协同效应。最后，通过比较激励组协同刺激与不激励组协同刺激差异，验证了高产品涉入度情况下会产生更高水平产品回忆和产品识别。在该部分中，我们对假设验证情况总结如表 9 - 7 所示。

表 9 - 7 研究 4B 的研究假设验证结果汇总

序号	假设	结果
H4a	高产品涉入度情况下，在线广播式、交互式媒体具有协同效应	支持
H4b	低产品涉入度情况下，在线广播式、交互式媒体具有协同效应	支持
H4c	高产品涉入度比低产品涉入度对产品回忆产生更大的协同效应	支持
H4d	高产品涉入度比低产品涉入度对产品识别产生更大的协同效应	支持

针对激励组内主页与论坛的协同刺激、非协同刺激结果，发现其协同刺激比非协同刺激产生更高水平的产品回忆和产品识别，H4a 得以验证。针对不激励组内主页与论坛的协同刺激、非协同刺激结果，发现其协同刺激比非协同刺激具有更高水平的产品回忆和产品识别，H4b 得以验证。通过比较激励组与不激励组协同刺激对产品回忆和产品识别作用的结果差

异，验证了 H4c、H4d。

H4a、H4b 之所以得到验证，其原因与研究 2 相同。个体在接受序列刺激后，通过记忆检索，将两次刺激的记忆结构进行整合，形成更加强化的记忆结构，表现为协同刺激比非协同刺激产生更高的产品回忆和产品识别。

为了验证 H4c、H4d，将高产品涉入度操作为激励组，将低产品涉入度操作为不激励组。激励组情况下比不激励组情况下投入更多的认知资源，会激发更高的信息处理动机，表现出更高的信息处理精致化程度，从而产生更高的产品回忆和产品识别。产品涉入度越高，个体倾向于对目标产品产生更高的重视程度以及付出更多时间、精力等认知资源进行相关产品信息的处理，激发更高的内在心理动机状态。H4c 的结论与其他一些研究具有一致性，同样由于高产品涉入度而产生更高的产品记忆和行为意愿等。高产品涉入度产生高处理动机，低产品涉入度产生低处理动机，不同的处理动机与不同量的认知处理资源相匹配（Keller & Block，1997；Coulter & Punj，2004）。高产品涉入度情况下个体对产品属性进行深入思考，处理更加精致化，从而形成产品信念、品牌态度、购买意愿等，而低产品涉入度情况下个体进行边缘处理路线，调动更低的信息处理动机关注边缘化的非产品信息，从而形成非产品信念、广告态度等。

六、本章小结

研究 4B 运用实验法对产品涉入度对在线广播式、在线交互式媒体协同效应的条件作用的内在机制进行了验证。通过比较激励组与不激励组的差异，验证了产品涉入度对协同效应的调节作用。为了达到该研究目的，研究 4A 将高产品涉入度产品组操作化为激励组，将低产品涉入度产品组操作化为不激励组；将在线广播式媒体操作化为中性笔主页，将在线交互式媒体操作化为中性笔论坛；通过比较各组被试的产品回忆、产品识别水平验证了假设。最后就研究结果进行了讨论，认为高产品涉入度比低产品涉入度产生更大的协同效应。

第十章

研究 5A：产品涉入度对不同次序媒体协同效应差异的调节作用研究

一、实验目的与实验设置

研究 5A 验证 H5，产品涉入度对不同次序协同效应差异有调节作用，即产品涉入度对 H3 的调节作用。通过比较高产品涉入度组内 B - I 与 I - B 的协同效应差异、低产品涉入度组内 B - I 与 I - B 的协同效应差异，验证产品涉入度对协同效应差异的调节作用。

我们选择了 84 名在校大学生作为研究被试，通过参与实验获得学分。研究 5A 设计了一个 2（产品类型：高涉入度，低涉入度）×2（次序类型：B - I，I - B）的组间设计。第一，将产品类型（高涉入度，低涉入度）作为一个组间因素，选择不同涉入度的两种产品进行实验。第二，将不同媒体次序作为一个组间因素。将被试随机分配到两大类中（高涉入度，低涉入度），然后在每大类内部随机分为两个组：广播式—交互式（B - I）、交互式—广播式（I - B）。

二、实验刺激物

研究 5A 选择手机广告作为高产品涉入度实验刺激，中性笔广告作为低产品涉入度实验刺激。

本实验刺激物为手机网页广告、中性笔网页广告，在线广播式媒体、在线交互式媒体通过将广告内置于某虚拟产品主页、产品论坛来实现。因此，实验刺激物包括产品广告、实验网页、广告组合三部分。

（一）产品广告制作

本实验广告包括图片和文字两部分，文字部分由产品广告主张组成，图片选择网络图片。

1. 广告目标产品选择

本实验选择某品牌手机、某品牌中性笔作为虚拟品牌。

2. 目标产品广告图片选择与制作

通过 Google 搜索引擎搜索某手机品牌、某中性笔品牌的系列广告图片，将明显的图标、Logo 等进行处理。将图片进行统一规格剪裁、拼接等处理。研究 5A 所选择手机图片、中性笔图片最终效果如图 10-1 和图 10-2 所示。

3. 广告产品主张制作

研究 5A 的手机产品主张采用研究 1 中手机产品主张，如表 4-1 所示；中性笔产品主张采用研究 3 中中性笔产品主张，如表 7-1 所示。

（二）实验网页制作

研究 5A 将制作两类网页：第一类代表在线广播式媒体，即某产品的产

A：手机图片

B：手机图片

图 10 – 1　研究 5A 实验图片

品主页；第二类代表在线交互式媒体，即某产品的产品论坛网页。

1. 公司主页制作

研究 5A 同样将在线广播式媒体操作化为产品主页，采用同研究 1 中一样的产品主页网页格式。

2. 产品论坛网页制作

研究 5A 同样将在线交互式媒体操作化为产品论坛网页，采用同研究 1 中一样的产品论坛网页。

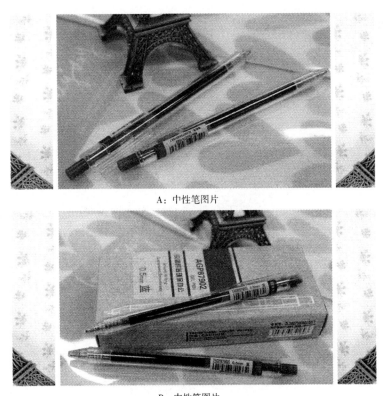

A：中性笔图片

B：中性笔图片

图 10 - 2　研究 5A 实验图片

（三）网页广告组合制作

经过上述阶段的广告及网页制作，形成 A 手机主页、A 手机论坛、B 手机主页、B 手机论坛、A 中性笔主页、A 中性笔论坛、B 中性笔主页、B 中性笔论坛。进行网页组合，共形成 8 个实验组，分别是高产品涉入度组：A 手机主页—B 手机论坛（B-I）、A 手机论坛—B 手机主页（I-B）；低产品涉入度组：A 中性笔主页—B 中性笔论坛（B-I）、A 中性笔论坛—B 中性笔主页（I-B）。

将各组网页通过浏览定时、自动链接、自动退出处理，分别将两个网页广告形成一个序列刺激。以 A 手机主页—B 手机论坛为例，在 A 手机主页持续 120 秒后，通过自动链接处理，将自动跳转到 B 手机论坛；在 B 手机论坛持续展示 120 秒后，网页将自动退出。最终，共制作了 4 个序列网页广告刺激物（见附录一）。

三、实验过程

在实验开始前，网页中的所有外部网络链接均被移除。首先，我们告知被试如下内容：本次测试是某公司与本院进行的校企合作项目之一，进行产品广告预测试，你们的反馈意见对于他们后期的产品改进具有重要的意义。其次，通过计算机给被试展示本次实验制作的四组序列网页广告，每组对应一组序列网页广告刺激。在高产品涉入度组，通过计算机给被试展示手机广告，每组被试分别接受两次广告刺激。在低产品涉入度组，通过计算机给被试展示中性笔广告，被试同样接受两次广告刺激。被试浏览第一次广告刺激持续 120 秒，然后网页自动跳转到第二次广告刺激，持续时间同样为 120 秒，直到网页自动退出。在该过程中，接受论坛网页广告刺激的被试需要点击网页下方"我要评论"按钮，回答后台提供的交互问题。最后，要求被试填写产品回忆和产品识别测量量表。由实验组织人员将问卷收集完成后，本次实验宣告结束。

四、实验结果

（一）高产品涉入度组不同次序协同刺激

用产品记忆作为因变量，次序类型（B-I、I-B）作为自变量，进行了单因素方差分析（One – way ANCOVA），比较 B – I 与 I – B 的协同刺激差异，描述统计结果如表 10 – 1 所示。

表 10 – 1　高产品涉入度组不同次序媒体协同刺激描述统计结果

变量	因素	均值	标准差	95% 置信区间		显著性水平
				下限	上限	
产品回忆	（B – I）	4.500	1.543	3.732	5.268	0.337
	（I – B）	4.364	1.840	3.548	5.179	
产品识别	（B – I）	9.500	1.791	8.610	10.390	0.572
	（I – B）	9.909	1.601	9.199	10.619	

注：B – I 为初次接受手机主页媒体暴露刺激，再接受一次手机论坛媒体暴露刺激；I – B 为初次手机论坛媒体暴露刺激，再接受一次手机主页媒体暴露刺激。

将媒体次序（先广播式后交互式、先交互式后广播式）作为自变量，产品回忆与产品识别作为因变量，进行了单因素方差分析（One – way AN-COVA），结果如表 10 – 2 所示。

表 10 – 2　高产品涉入度组不同次序媒体协同刺激结果比较

变量	媒体暴露		t	显著性
	先广播式后交互式刺激（B – I）	先交互式后广播式刺激（I – B）		
产品回忆	4.500	4.364	0.063	0.804
产品识别	9.500	9.909	0.581	0.451

注：同表 10 – 1。

根据表 10 – 2 的研究结果我们发现，比较先广播式后交互式组、先交互式后广播式组的协同刺激差异，前者协同刺激与后者协同刺激对产品回忆的作用无明显差异（$M_{B-I} = 4.500$，$M_{I-B} = 4.364$），该差异不显著（$t = 0.063$，$p = 0.804$）。同样，前者协同刺激与后者协同刺激在产品识别上也无差异（$M_{B-I}=9.500$，$M_{I-B}=9.909$），该差异并不显著（t $=0.581$，p $=0.451$）。以上结果说明，在产品回忆方面，先广播后交互刺激（B-I）的协同效应与先交互后广播刺激（I-B）的协同效应无差异；在产品识别方面，先广播后交互刺激（B-I）的协同效应与先交互后广播刺激（I-B）的协同效应也无差异。

（二）低产品涉入度组不同次序协同刺激

用产品回忆、产品识别作为因变量，次序类型（B-I、I-B）作为自变量，进行了单因素方差分析（One-way ANCOVA），比较 B-I 与 I-B 的协同刺激差异，描述统计结果如表 10-3 所示。

表 10-3　低产品涉入度组不同次序媒体协同刺激描述统计结果

变量	因素	均值	标准差	95% 置信区间		显著性水平
				下限	上限	
产品回忆	（B-I）	6.889	0.900	6.441	7.337	0.100
	（I-B）	5.773	1.232	5.227	6.319	
产品识别	（B-I）	11.722	0.895	11.277	12.167	0.957
	（I-B）	10.909	0.971	10.478	11.340	

注：B-I 为初次接受中性笔主页媒体暴露刺激，再接受一次中性笔论坛媒体暴露刺激；I-B 为初次中性笔论坛媒体暴露刺激，再接受一次中性笔主页媒体暴露刺激。

将媒体次序（先广播式后交互式、先交互式后广播式）作为自变量，产品回忆与产品识别作为因变量，进行了单因素方差分析（One-way AN-COVA）。结果如表 10-4 所示。

根据表 10-4 的研究结果我们发现，比较先广播式后交互式组、先交互式后广播式组的协同刺激差异，前者协同刺激比后者协同刺激产生更高的产品回忆（$M_{B-I}=6.889$，$M_{I-B}=5.773$），并且该差异显著（t $=10.269$，p $=0.003$）。同时，前者协同刺激比后者协同刺激产生更高的产

表10-4　低产品涉入度组不同次序媒体协同刺激结果比较

变量	媒体暴露		t	显著性
	先广播式后交互式刺激 （B-I）	先交互式后广播式刺激 （I-B）		
产品回忆	6.889	5.773	10.269	0.003
产品识别	11.722	10.909	7.441	0.010

注：同表10-3。

品识别水平（$M_{B-I} = 11.722$，$M_{I-B} = 10.909$），并且该差异显著（$t = 7.441$，$p = 0.010$）。以上结果说明，在产品回忆方面，先广播后交互刺激（B-I）的协同效应大于先交互后广播刺激（I-B）的协同效应；在产品识别方面，先广播后交互刺激（B-I）的协同效应同样大于先交互后广播刺激（I-B）的协同效应。

五、结论与讨论

研究5A采用实验研究方式，对产品涉入度对不同媒体次序协同效应的调节作用进行了验证。首先，验证了高产品涉入度组内，先广播式后交互式与先交互式后广播式的协同效应无差异。其次，验证了低产品涉入度组内，先广播式后交互式与先交互式后广播式的协同效应具有显著差异。在该部分中，我们对假设验证情况总结如表10-5所示。

在高产品涉入度组内（手机组），比较先主页后论坛（B-I）、先论坛后主页（I-B）的不同协同刺激结果，发现先主页后论坛协同刺激（B-I）与先论坛后主页协同刺激（I-B）在产品回忆和产品识别方面没有显著差异，H5a、H5b得以验证。在低产品涉入度组内（中性笔组），比较先主页后论坛（B－I）、先论坛后主页（I－B）的不同协同刺激结果，发现先主页后论坛协同刺激（B－I）比先论坛后主页协同刺激（I－B）产生更高水平产品回忆和产品识别，H5c、H5d 得以验证。

表 10－5　研究 5A 的研究假设验证结果汇总

序号	假设	结果
H5a	高产品涉入度情况下，先广播式后交互式与先交互式后广播式对产品回忆的作用无显著差异	支持
H5b	高产品涉入度情况下，先广播式后交互式与先交互式后广播式对产品识别的作用无显著差异	支持
H5c	低产品涉入度情况下，先广播式后交互式比先交互式后广播式对产品回忆的作用大	支持
H5d	低产品涉入度情况下，先广播式后交互式比先交互式后广播式对产品识别的作用大	支持

H5a、H5b 之所以得以验证，在于产品涉入度对于序列刺激过程中的认知资源竞争程度的调节作用。在序列刺激处理过程中，不同的认知资源分配导致首次刺激与后续刺激对认知资源竞争程度产生差异，从而影响两次刺激之间抑制效应的强度。在高产品涉入度组内，即手机组内，被试在序列刺激信息处理过程中分配大量认知资源，分配的认知资源越多，交互式媒体刺激形成记忆的检索活动与广播式媒体信息处理活动对认知资源的竞争程度越弱，产生越小的抑制作用。在产品涉入度很高的情况下，两次刺激对认知资源的竞争程度很弱，以至于抑制效应几乎不显著了。这表现在实验结果中，先广播式后交互式、先交互式后广播式二者对产品回忆和产品识别没有显著差异，H5a、H5b 得到实验结果支持。

H5c、H5d 得以验证，由于低产品涉入度产生较高的认知资源竞争程度。低产品涉入度使得个体倾向于对目标产品产生更低的重视程度，激发更高的内在心理动机状态，分配更少的认知资源到序列刺激信息处理过程中（Brown et al.，1998）。由于投入认知资源很少，认知资源变得十分稀缺，在先交互式后广播式序列刺激过程中，检索交互式媒体刺激所形成记忆与处理后续广播式媒体信息，这两种活动对认知资源的竞争程度变得十分剧烈，导致两次刺激间的抑制效应更大。该抑制效应越大，B–I、I–B两种不同次序协同效应的差异就越大。该结论表现在实验结果中，先广播式后交互式、先交互式后广播式两者对产品回忆和产品识别有显著差异，H5c、H5d 得到实验结果支持。

六、本章小结

研究 5A 运用实验法对产品涉入度对不同次序媒体协同效应的调节作用进行了验证。为了达到该研究目的，选择手机作为高产品涉入度产品，选择中性笔作为低产品涉入度产品；将在线广播式媒体操作化为手机主页、中性笔主页，将在线交互式媒体操作化为手机论坛、中性笔论坛。通过分别比较高产品涉入度组、低产品涉入度组内不同次序媒体刺激的产品回忆和产品识别水平验证了假设。最后就研究结果进行了讨论，认为在高产品涉入度情况下，先广播式后交互式与先交互式后广播式产生的协同效应无显著差异；在低产品涉入度情况下，先广播式后交互式与先交互式后广播式产生的协同效应有显著差异。

第十一章
研究 5B：产品涉入度对不同次序媒体协同效应差异的调节作用研究

一、实验目的与实验设置

为了进一步验证产品涉入度对不同次序协同效应差异的调节机制，将产品涉入度进行操作化。根据理论推导，高产品涉入度具有较高的处理动机，而低产品涉入度具有较低的处理动机，因此，对被试的广告信息处理动机进行操控。通过要求被试进行产品评价（高处理动机）与不进行产品评价（低处理动机）处理，实现产品涉入度的操作化。产品评价组被试由于更高的广告信息处理动机，对两次广告刺激投入更多的认知资源，不进行产品评价组则投入较少认知资源。因此，不同的认知资源投入将会导致不同次序协同效应的差异，从而验证 H5。

我们选择了 84 名在校大学生作为研究被试，通过参与实验获得学分。研究 5B 设计了一个 2（处理动机：评价，不评价）×2（次序类型：B-I，I-B）的组间设计。将被试随机分配到两大类中（评价、不评价），然后在每大类内部随机分为两个组：广播式—交互式（B-I）、交互式—广播式（I-B）。

二、实验刺激物

研究 5B 的实验刺激物为洗衣液网页广告，在线广播式媒体、在线交互式媒体通过某虚拟产品主页、某虚拟产品论坛来实现。因此，实验刺激物包括产品广告、实验网页、网页广告组合三部分。

（一）产品广告制作

本实验广告包括图片和文字两部分，其中图片部分采用网络搜索图片，文字部分由产品广告主张组成。

1. 广告目标产品选择

本实验选择洗衣液作为广告目标产品。

2. 目标产品广告图片选择与制作

通过 Google 搜索引擎搜索某国外品牌洗衣液的系列广告图片，将明显的图标、Logo 等进行处理，制作为虚拟品牌。将两张手机图片进行了统一规格的拼接、渲染等处理。研究 5B 所选择洗衣液图片 A、B 最终效果如图 11 - 1 所示。

3. 广告产品主张制作

研究 5B 选择了洗衣液作为目标产品，所以仍然采用研究 4A 中制作好的产品主张材料，如表 8 - 1 所示。

（二）实验网页制作

研究 5B 将制作四类网页：第一类代表在线广播式媒体，即产品主页；第二类代表在线交互式媒体，即产品论坛网页。在网页制作完成之后，将手机图片 A 分别放置于两类网页中；同样，将手机图片 B 也分别放置于两类网页中。

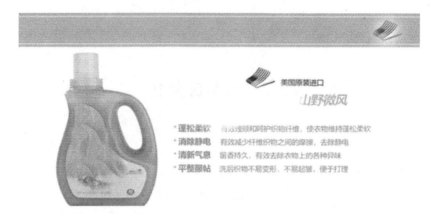

A：洗衣液图片

B：洗衣液图片

图 11 - 1　研究 5B 实验图片

1. 公司主页制作

研究 5B 同样将在线广播式媒体操作化为洗衣液产品主页，采用同研究 4A 中一样的网页格式。

2. 产品论坛网页制作

研究 5B 同样将在线交互式媒体操作化为洗衣液论坛网页，采用同研究 4A 中一样的产品论坛网页。论坛网页中点击"我来评论"按钮所需回答交互问题采用研究 4A 中交互问题，如表 8 - 2 所示。

（三）网页广告组合制作

经过上述两阶段的广告及网页制作，形成 A 洗衣液主页、A 洗衣液论坛、B 洗衣液主页、B 洗衣液论坛。进行网页组合，共形成 4 个实验组，分别是评价组：A 洗衣液主页—B 洗衣液论坛（B－I）、A 洗衣液论坛—B 洗衣液主页（I－B）。不评价组：A 洗衣液主页—B 洗衣液论坛（B－I）、A 洗衣液论坛—B 洗衣液主页（I－B）。

将各组网页通过浏览定时、自动链接、自动退出处理，分别将每两个网页广告形成一个序列刺激。以 A 洗衣液主页—B 洗衣液论坛为例，在 A 洗衣液主页持续 120 秒后，通过自动链接处理，将自动跳转到 B 手机论坛；在 B 手机论坛持续展示 120 秒后，网页将自动退出。最终，共制作了 4 个序列网页广告刺激物（见附录一）。

三、实验过程

本实验过程共有两个阶段：一是产品涉入度操作化及其检验；二是实验刺激过程。

（一）产品涉入度操作化

在媒体广告刺激之后，通过被试是否评价产品（评价组、不评价组）将不同的产品涉入度（高产品涉入度、低产品涉入度）操作化。在高产品涉入度操作中，告知被试需要在广告浏览结束后对该洗衣液做出自己的评价。在低产品涉入度操作中，不告知被试任何信息。在本阶段，我们征集了 46 名被试进行操作化检验，以比较两组在产品记忆水平上的差异。

（二）实验刺激过程

首先在实验开始之前将所有外部网络链接移除。为了强调被试参与的重要性，告知被试如下内容：本次测试是某公司与本院进行的校企合作项目之一，进行产品广告预测试，你们的反馈意见对于他们后期的产品改进具有重要的意义，通过参与测试还可获得学分。其次通过计算机给被试展示本次实验制作的四组序列网页广告，每组对应一组序列网页广告刺激。在产品评价组，告知被试需要在广告浏览结束后进行评价，写在纸质问卷后面，在不进行评价组，不告知被试任何信息。被试浏览第一次广告刺激持续 120 秒，然后网页自动跳转到第二次广告刺激，持续时间同样为 120秒，直到网页自动退出。在该过程中，接受论坛网页广告刺激的被试需要点击网页下方"我来评论"按钮，回答后台提供的交互问题。最后要求被试填写关于洗衣液的产品记忆测量量表。由实验组织人员将问卷收集完成后，本次实验宣告结束。

四、实验结果

比较被试在产品评价组、非产品评价组的投入度差异，进行产品涉入度的操作检验。

（一）产品涉入度操作检验

研究 5B 为了检验不同产品涉入度对不同次序媒体协同效应差异的调节作用，将处理动机通过产品评价组、不评价组来实现。高产品涉入度对应高处理动机，通过评价组来实现；低产品涉入度对应低处理动机，通过不评价组来实现。为了检验该操作化的有效性，通过比较评价组与不评价组之间的记忆效果来检验其有效性。检验结果显示，评价组与不评价组在产品回忆上具有显著差异（$M_{评价} = 6.500$，$M_{不评价} = 5.158$；$t = 7.593$，$p = 0.009$）；同样，二者在产品识别上也产生显著差异（$M_{评价} = 12.000$，$M_{不评价} = 10.632$；$t = 6.591$，$p = 0.014$）。这说明对被试是否告知评价分别将两组被试有效地操作为高处理动机组（高产品涉入度）、低处理动机组（低产品涉入度）。

（二）产品记忆测量

1. 评价组内不同次序协同刺激

用产品记忆作为因变量，次序类型（B－I、I－B）作为自变量，进行了单因素方差分析（One－way ANCOVA），比较 B－I 与 I－B 的协同刺激差异，描述统计结果如表 11－1 所示。

表 11－1 评价组内不同次序媒体协同刺激描述统计结果

变量	因素	均值	标准差	95% 置信区间		显著性水平
				下限	上限	
产品回忆	（B－I）	5.750	2.527	4.144	7.356	0.640
	（I－B）	5.500	1.567	4.505	6.495	
产品识别	（B－I）	10.667	1.371	9.796	11.538	0.165
	（I－B）	10.250	2.563	8.621	11.878	

注：B－I 为初次接受洗衣液主页媒体暴露刺激，再接受一次洗衣液论坛媒体暴露刺激；I－B 为初次洗衣液论坛媒体暴露刺激，再接受一次洗衣液主页媒体暴露刺激。

将媒体次序（先广播式后交互式、先交互式后广播式）作为自变量，产品回忆与产品识别作为因变量，进行了单因素方差分析（One－way AN-COVA），结果如表 11－2 所示。

根据表 11－2 的研究结果我们发现，比较先广播式后交互式组、先交互式后广播式组的协同刺激差异，前者协同刺激与后者协同刺激对产品回忆的作用没有明显差异（$M_{B－I} = 5.750$，$M_{I－B} = 5.500$），该差异不显著

（t＝0.085，p＝0.774）。同时，前者协同刺激与后者协同刺激在产品识别上也并无差异（M_{B-I}＝10.667，M_{I-B}＝10.250），该差异并不显著（t＝0.247，p＝0.624）。以上结果说明，在产品回忆方面，先广播后交互刺激（B－I）的协同效应与先交互后广播刺激（I－B）的协同效应无差异；在产品识别方面，先广播后交互刺激（B－I）的协同效应与先交互后广播刺激（I－B）的协同效应也无差异。

表 11 - 2　评价组内不同次序媒体协同刺激结果比较

变量	媒体暴露		t	显著性
	先广播式后交互式刺激（B－I）	先交互式后广播式刺激（I－B）		
产品回忆	5.750	5.500	0.085	0.774
产品识别	10.667	10.250	0.247	0.624

注：同表 11 - 1。

2. 不评价组内不同次序协同刺激

用产品记忆作为因变量，次序类型（B－I、I－B）作为自变量，进行了单因素方差分析（One－way ANCOVA），比较 B－I 与 I－B 的协同刺激差异，描述统计结果如表 11 - 3 所示。

表 11 - 3　评价组内不同次序媒体协同刺激描述统计结果

变量	因素	均值	标准差	95% 置信区间		显著性水平
				下限	上限	
产品回忆	（B－I）	6.167	0.983	5.135	7.199	0.244
	（I－B）	4.500	1.434	3.474	5.526	
产品识别	（B－I）	12.333	1.211	11.062	13.604	0.490
	（I－B）	9.900	2.424	8.166	11.634	

注：同表 11 - 1。

将媒体次序（先广播式后交互式、先交互式后广播式）作为自变量，产品回忆与产品识别作为因变量，进行了单因素方差分析（One-way ANCOVA），结果如表 11-4 所示。

表 11-4　评价组内不同次序媒体协同刺激结果比较

变量	媒体暴露		t	显著性
	先广播式后交互式刺激 （B-I）	先交互式后广播式刺激 （I-B）		
产品回忆	6.167	4.500	6.250	0.025
产品识别	12.333	9.900	5.161	0.039

注：同表 11-1。

根据表 11-4 的研究结果我们发现，比较先广播式后交互式组、先交互式后广播式组的协同刺激差异，前者协同刺激比后者协同刺激对产品回忆产生更大的作用（$M_{B-I} = 6.167$，$M_{I-B} = 4.500$），并且该差异显著（$t = 6.250$，$p = 0.025$）。同时，前者协同刺激比后者协同刺激也产生更高水平产品识别（$M_{B-I} = 12.333$，$M_{I-B} = 9.900$），该差异显著（$t = 5.161$，$p = 0.039$）。以上结果说明，在产品回忆方面，先广播后交互刺激（B-I）的协同效应比先交互后广播刺激（I-B）的协同效应作用更大；在产品识别方面，先广播后交互刺激（B-I）的协同效应比先交互后广播刺激（I-B）的协同效应更大。

五、结论与讨论

研究 5B 采用实验研究方式，对产品涉入度对不同媒体次序协同效应的调节作用进行了验证，通过将产品涉入度操作化，从而验证产品涉入度对不同媒体次序协同效应差异调节作用的内在机制。首先，验证了评价组内，先广播式后交互式协同刺激与先交互式后广播式协同刺激无差异。其次，验证了不评价组内，先广播式后交互式协同刺激与先交互式后广播式协同刺激具有显著差异，前者大于后者。在该部分中，我们对假设验证情况总结如表 11 – 5 所示。

表 11 – 5　研究 5B 的研究假设验证结果汇总

序号	假设	结果
H5a	高产品涉入度情况下，先广播式后交互式与先交互式后广播式对产品回忆的作用无显著差异	支持
H5b	高产品涉入度情况下，先广播式后交互式与先交互式后广播式对产品识别的作用无显著差异	支持
H5c	低产品涉入度情况下，先广播式后交互式比先交互式后广播式对产品回忆的作用大	支持
H5d	低产品涉入度情况下，先广播式后交互式比先交互式后广播式对产品识别的作用大	支持

在高产品涉入度组内（评价组），比较先主页后论坛（B－I）、先论坛后主页（I－B）的不同协同刺激结果，发现先主页后论坛协同刺激（B－I）与先论坛后主页协同刺激（I－B）在产品回忆和产品识别方面没有显著差异，H5a、H5b 得以验证。在低产品涉入度组内（不评价组），比较先主页后论坛（B－I）、先论坛后主页（I－B）的不同协同刺激结果，发现先主页后论坛协同刺激（B－I）比先论坛后主页协同刺激（I－B）产生更高水平产品回忆和产品识别，H5c、H5d 得以验证。

H5a、H5b 之所以得以验证，其内在机制与研究 5A 相同，在于产品涉入度对于序列刺激过程中的认知资源竞争程度的调节作用。在序列刺激处理过程中，不同的认知资源分配导致首次刺激与后续刺激对认知资源竞争程度产生差异，不同差异影响两次刺激之间抑制效应的强度，从而导致不同次序协同刺激产生不同的协同效应。通过告知被试进行产品评价将高产品涉入度进行操作化，被试会激发较高信息处理动机，分配大量认知资源，洗衣液论坛网页刺激形成记忆的检索活动与洗衣液主页信息处理活动对认知资源的竞争程度较弱，产生较小的抑制作用。在被试信息处理动机很高的情况下，两次刺激对认知资源的竞争程度很弱，以至于抑制效应几乎不显著，两种次序的媒体协同刺激效果几乎一样。这表现在实验结果中，先洗衣液主页后洗衣液论坛网页、先洗衣液论坛网页后洗衣液主页两者对产品回忆、产品识别没有显著差异。

同理，H5c、H5d得以验证，在于不评价组使得个体倾向于对目标产品产生更低的重视程度，激发更低心理动机状态（Brown et al.，1998）。较少的认知资源投入使得认知资源十分稀缺，在先洗衣液论坛网页后洗衣液主页的序列刺激过程中，检索洗衣液论坛网页刺激所形成记忆与处理后续洗衣液主页信息都需要认知资源，因此对认知资源竞争程度将很剧烈，导致两次刺激间的抑制效应更大，两种不同次序协同效应的差异更大。该结论表现在实验结果中，先洗衣液主页后洗衣液论坛网页、先洗衣液论坛网页后洗衣液主页两者对产品回忆和产品识别有显著差异。

六、本章小结

研究5B运用实验对产品涉入度对在线广播式、交互式媒体协同效应的条件作用的内在机制进行了验证。为了达到该研究目的，将高产品涉入度操作化为评价组，比较组内先广播式后交互式、先交互式后广播式的协同效果差异；将低产品涉入度操作化为不评价组，比较组内先广播式后交互式、先交互式后广播式的协同效果差异。通过比较各组被试的产品回忆和产品识别水平验证了假设。最后就研究结果进行了讨论，认为产品涉入度对不同次序媒体协同效应调节作用的内在机制是，产品涉入度越高，认知资源竞争程度越弱，不同次序媒体协同效应差异越小。

第十二章
总结与展望

自从互联网出现以来，在线营销活动在企业整体营销活动中的比重变得越来越大，消费者的在线媒体行为活动与线下媒体行为活动差异化越来越明显，两者传播协同化趋势越来越强。在线媒体在企业营销活动中的作用越来越大，但在线媒体间协同传播得到的关注较少。从营销实践来看，在线媒体内部在交互性维度上分化为不同类型的在线媒体工具，不同媒体工具对消费者认知、参与度、品牌塑造等方面产生的影响具有显著差异。其中一类表现出广播式特征，进行信息的单向传播；另一类表现出交互式特征，进行信息的双向传播。这两类媒体间的协同传播在营销或电子商务领域鲜有探讨。因此，本书运用信息处理理论，整合营销中有关多媒体协同的相关研究来探讨在线广播式媒体与在线交互式媒体对消费者购买意愿、产品记忆的作用，希望对学界和实践界对在线媒体协同传播的影响有更深入的认识。

一、总体研究结论

媒体协同传播是整合营销传播与广告研究的重点，在线媒体协同传播则是最新营销领域和电子商务领域新兴的研究重心。本书将在线多媒体进行了分类，结合信息处理理论与序列刺激相关研究理论，通过实验室实验研究了在线广播式媒体、在线交互式媒体两者的协同传播对消费者购买意愿的影响以及产品涉入度对协同效应的调节作用。主要结论如下：

（一）在线广播式、在线交互式媒体协同刺激对消费者行为意愿层面产生协同效应

在线广播式、在线交互式由于交互维度上的差异，即媒体形式上的差异，会使消费者在认知方式上产生很大不同，从而形成两种有差异的媒体形式的协同。在媒体协同已有研究文献中，许多研究表明，两种具有形式差异的媒体之间会产生协同效应，如信息员不同的媒体会产生协同效应、负载信息量有差异的媒体间会产生协同效应、具有不同感官模式的媒体间存在协同效应。这几种媒体形式差异导致了消费者认知的不同，从而产生协同效应。本书验证了在线广播式媒体与在线交互式媒体在产品态度上对消费者产生不同作用，从而在交互维度上找到了一种新的媒体形式分类：在线广播式、在线交互式。这种媒体形式差异导致了两者之间的协同效应，在线广播式与在线交互式成为一种新的产生协同效应的媒体形式分类，两者协同对消费者购买意愿产生协同效应。

（二）在线广播式媒体与在线交互式媒体通过产品记忆产生协同效应

由于两种媒体交互性的差异，导致了记忆形成的差异，两者协同传播产生强化的记忆结构。

（三）在线广播式、在线交互式媒体产生协同效应的内在机制在于两者处理水平有差异，且两者具有相互作用

两种媒体形成的序列刺激之间通过相互加强作用，形成更强的认知

结构，从而产生协同效应。若两者之间没有通过检索提示发生相互作用，则无法将两次的记忆结构进行整合，从而形成新的记忆结构。若两者之间没有处理水平差异，即广播式与交互式之间没有交互维度上的差异，则没有协同效应。在现实营销实践中，若两类媒体刺激时间间隔太长，或者两次媒体刺激的主题差异过大，则两次媒体刺激不会形成检索提示，不会形成协同效应。若两类媒体刺激无交互维度上的形式差异，如多个产品网页媒体之间无交互形式差异，其传播效果就不会产生协同效应。

（四）先广播式后交互式、先交互式后广播式产生不同协同效应，并且前者大于后者，即不同次序媒体协同具有协同效应差异

现实中，先广播式媒体形成初级广告信息讨论，通过交互式媒体的广泛讨论，形成更深层次的话题讨论。先交互式后广播式传播则不利于形成更深层次认知，特别是由于首次交互式传播对认知资源的消耗，不利于第二次广播式传播信息的处理。

（五）产品涉入度对协同效应具有调节作用，产品涉入度越高，协同效应越大

不同产品涉入度对应相应的认知资源投入量，越高的产品涉入度，消费者处理动机越高，导致序列刺激处理越充分。

（六）产品涉入度对不同媒体次序协同效应差异具有调节作用

对于高涉入度产品，先广播式后交互式协同与先交互式后广播式协同无差异。对于低涉入度产品，先广播式后交互式协同优于先交互式后广播式协同。

二、理论创新

本书预期实现的主要创新点有：

第一，提出了不同媒体协同更加一致的分析框架。通过验证不同媒体协同效应存在机制，不同媒体间认知处理水平形式差异可以产生协同效应，提出了"差异带来协同"的分析框架。

第二，找到了一种新的媒体协同效应存在的理由。认为形式差异带来协同效应，指出广播式与交互式之间不同层次信息处理水平也是一种形式差异，两者协同可以产生协同效应。

第三，解释了不同次序媒体协同的差异。通过比较不同次序差异，指出了不同的媒体协同策略对营销变量的不同影响，为促销媒体规划提供指导。

第四，解释了在不同产品涉入度情况下协同效应的差异。通过分别比较产品涉入度对不同媒体协同效应、不同媒体次序协同效应差异的影响，指出不同产品类型条件下协同效应的变化。

三、营销建议

本书对于业界的启示在于：

第一，除了传统的媒体分类外，在营销传播规划中，以在线广播式、在线交互式进行分类的一种媒体分类维度，可以使得媒体间产生很强的协同效应。在之前的媒体规划中，更多以到达率、费用等变量规划媒体，如果不考虑这些媒体间的关系，特别是广播式与交互式之间形式差异，将会失去媒体间巨大的协同效应。

第二，广播式媒体与交互式媒体通过产品记忆产生协同效应。该结论告诉我们，若某次营销活动的目标是达到较高的认知度，则在线广播式、在线交互式协同传播是较优选择。其他研究也表明，媒体协同对记忆变量产生显著影响，但对品牌形象变量的作用不明显，从侧面支持了本书中媒体协同通过产品记忆产生协同效应的假设，指出了该种形式媒体协同在营销活动中的主要用途，即达到较高的认知度。

第三，一般情况下，先广播式后交互式媒体刺激优于先交互式后广播式协同。在营销实践中，要注重产品信息在不同传播渠道的发布次序，不同发布次序可以形成不同传播效果。

第四，针对不同产品涉入度产品应采取不同的媒体协同传播次序。对于高涉入度产品，无论是先广播式后交互式，还是先交互式后广播式，两者协同效果无差异。但是，对于低涉入度产品，则在营销传播中优先选择先广播式后交互式的媒体次序进行产品信息传播。

四、研究不足

本书研究不足之处主要表现在以下几个方面：

（一）实验中的不可控因素

在线实验具有很多不可控因素，总结起来可能有：一是个体变量差异带来的结果扰动。个体在不同状态的性别、心态等变量情况下，均可能会对实验结果产生影响，但限于现实实验条件，无法完全消除这些因素的干扰。二是在实验过程中个体对广告信息的处理时间投入不可控，这将会影响最终形成的产品回忆与产品识别结果。本书对在线广播式、在线交互式媒体广告信息的处理时间，采用了相同的强制处理时间，每则广告展示120 秒后自动跳转，尽量保证被试间投入相同的处理时间。

（二） 对于产品记忆的测量仍有待提高

本书通过产品回忆、产品识别两个维度来实现产品记忆测量，采用测量产品广告主张的方式来测量产品记忆，进行文字内容回忆与问题判断。但在现实中，产品记忆包括的内容十分丰富，可能产品的某种形状、色彩、气味等因素会形成更强的产品记忆，即产品通过其他感官模式形成的记忆。本书出于方便产品信息数量控制的目的，选择简单的广告文字文本作为测量对象，后续值得更多地探索深入与丰富的产品记忆测量问题。

（三） 在线广播式与在线交互式媒体操作化的简单化

本书将交互操作化为一个评论按钮，通过点击回答问题来实现交互过程。但在现实中，交互是一个比较复杂的过程：一是交互是一个多阶段的过程，随着交互的深入，形成的认知结果会发生很大的差异，因此多阶段交互是一个可以深入研究与讨论的问题。二是交互过程中的情感变量对交互过程很重要，本书简单化地将交互媒体进行了操作化，未能将消费者交互情感变量实现操作化。三是现实的交互是多人群、基于实际人际关系的交互，本书将其简单化为一对一、无实际人际关系的交互过程，在后续研究中需要进行拓展与更加精确化。

（四） 不同次序媒体协同的比较

可能受其他变量的调节，从而会出现不同于本书研究结论的结果。先广播式后交互式优于先交互式后广播式协同，但是，在大量人群交互过程中，未确定信息的验证效应带来的传播效果可能受到产品类型的调节作用，即熟悉产品具有验证效应，而不熟悉产品则不具有验证效应。在这种情况下，先交互式后广播式可能优于先广播式后交互式媒体协同。

五、未来研究展望

在线媒体协同传播的研究依然处于初级阶段，在线环境下的消费者传播行为是很吸引人的研究领域。本书只是尝试性地针对在线广播式、在线交互式间的协同效应做了一些探索性的工作，还有很多问题值得进一步研究：

（一）关于媒体交互的操作化

本书尝试性地将媒体交互操作化为一对一的、单阶段的、人机交互的过程。根据实践经验，在群体的多阶段交互中，消费者的传播行为显著不同于初级阶段，如互联网公司的经营实践经验所提示的，用户数量每增加一个数量级，用户行为会呈现大不一样的形态与轨迹。因此，在线媒体的交互操作化与界定将是本领域研究的重点。

（二）在线广播式媒体与在线交互式媒体之间的情感变量差异研究

在线交互式媒体负载着用户的许多情感因素，特别是用户的自传式叙事文本呈现，会产生更加丰富的记忆编码结构，负载更加丰富的情感记忆。因此，在线广播式媒体与在线交互式媒体间的情感变量差异将会导致两者协同效应的不同，是后续研究中可探讨的产生协同效应的一种新的媒体形式差异。

（三）挖掘其他产生协同效应的感官模式变量

本书只研究了协同效应在产品文字记忆上的效果，对形状、色彩、气味等记忆上的协同效应则没有涉及，但这些变量却是产品记忆中十分重要的部分，值得进行深层次的探讨。

（四）挖掘其他对协同效应具有调节作用的变量

特别是对不同次序媒体协同具有调节作用的产品类型变量。特别地，在大量人群交互过程中，产品类型可能调节未确定信息的验证效应，因此，不同次序媒体协同的比较结果可能会呈现其他新的结果。这些调节变量的发现可以提高在线广播式与在线交互式媒体协同传播结论的应用范围，针对不同的产品类型具有更高的针对性，应该成为以后研究的重点问题。

参考文献

［1］ Abraham M. The off – line impact of online ads ［J］ . Harvard Business Review, 2008, 86 (4): 28.

［2］ Ahluwalia R. , Burnkrant R. E. , Unnava H. R. Consumer response to negative publicity: The moderating role of commitment ［J］ . Journal of Marketing Research, 2000, 37 (2): 203 – 214.

［3］ Alba J. W. , Hutchinson J. W. Dimensions of consumer expertise ［J］ . Journal of Consumer Research, 1987, 13 (4): 411 – 442.

［4］ Anand P. , Sternthal B. Ease of message processing as a moderator of repetition effects in advertising ［J］ . Journal of Marketing Research, 1990, 27 (3): 345 – 353.

［5］ Andzulis J. M. , Panagopoulos N. G. A review of social media and implications for the sales process ［J］ . Journal of Personal Selling & Sales Management, 2012, 32 (3): 305 – 316.

［6］ Barwise P. , Farley J. U. The state of interactive marketing in seven countries: Interactive marketing comes of age ［J］ . Journal of Interactive Marketing, 2005, 19 (3): 67 – 80.

［7］ Batra R. , Ray M. L. Situational effects of advertising repetition: The moderating influence of motivation, ability, and opportunity to respond ［J］ . Journal of Consumer Research, 1986, 12 (4): 432 – 445.

［8］ Becker – Olsen K. L. And now, a word from our sponsor—A look at the effects of sponsored content and banner advertising ［J］. Journal of Advertising, 2003, 32 （2）: 17 – 32.

［9］ Belch G. E. , Belch M. A. Advertising and promotion: An integrated marketing communications perspective ［M］. Irwin, McGraw – Hill, 2004.

［10］ Berger J. , Sorensen A. T. , Rasmussen S. J. Positive effects of negative publicity: When negative reviews increase sales ［J］. Marketing Science, 2010, 29 （5）: 815 – 827.

［11］ Berlyne D. E. Novelty, complexity, and hedonic value ［J］. Perception and Psychophysics, 1970, 8 （1）: 279 – 286.

［12］ Berlyne D. E. Aesthetics and psychobiology ［M］. New York: Meredith, 1971.

［13］ Bernoff J. , Li Charlene. Harnessing the power of the oh – so – social web ［J］. MIT Sloan Management Review, 2008, 49 （3）: 35 – 42.

［14］ Blair M. H. , Rabuck M. J. Advertising wearin and wearout: Ten years later – more Empirical evidence and successful practice ［J］. Journal of Advertising Research, 1998, 38 （5）: 7 – 18.

［15］ Bobrow S. A. , Bower G. H. Comprehension and recall of sentences ［J］. Journal of Experimental Psychology, 1969, 80 （3）: 455 – 461.

［16］ Briggs R. , Krishnan R. , Borin N. Integrated multichannel communication strategies: Evaluating the return on marketing objectives—The case of the 2004 Ford F – 150 launch ［J］. Journal of Interactive Marketing, 2005, 19 （3）: 81 – 90.

［17］ Brown S. P. , Homer P. M. , Inman J. J. A meta – analysis of relationships between adevoked feelings and advertising responses ［J］. Journal of Marketing Research, 1998, 35 （1）: 114 – 126.

［18］ Cacioppo J. T. , Petty R. E. Effects of message repetition and position on cognitive response, recall and persuasion ［J］. Journal of Personality & Social Psychology, 1979, 37 （1）: 97 – 109.

［19］ Calder B. J. , Sternthal B. Television commercial wearout: An information processing view ［J］. Journal of Marketing Research, 1980, 17 (5): 173 – 186.

［20］ Calder B. J. , Malthouse E. C. Managing media and advertising change with integrated marketing ［J］. Journal of Advertising Research, 2005, 45 (4): 356 – 361.

［21］ Cameron G. T. Does publicity outperform advertising? An experimental test of the third – party endorsement ［J］. Journal of Public Relations Research, 1994, 6 (3): 185 – 207.

［22］ Chaiken S. , Maheswaran D. Heuristic processing can bias systematic processing: Effects of source credibility, argument ambiguity, and task importance on attitude judgment ［J］. Journal of Personality and Social Psychology, 1994, 66 (3): 460 – 473.

［23］ Chan – Olmsted S. M. , Jung J. Strategizing the net business: How the US television networks diversify, brand, and compete in the age of the internet ［J］. International Journal on Media Management, 2001, 3 (4): 213 – 225.

［24］ Chang Y. , Thorson E. Television and web advertising synergies ［J］. Journal of Advertising, 2004, 33 (2): 75 – 84.

［25］ Chatterjee P. The role of varying information quantity in ads on immediate and enduring cross – media synergies ［J］. Journal of Marketing Communications, 2012, 18 (3): 217 – 240.

［26］ Chen Yubo, Xie Jinhong. Online consumer review: Word – of – mouth as a new element of marketing communication mix ［J］. Management Science, 2008, 54 (3): 477 – 491.

［27］ Chevalier J. A. , Mayzlin D. The effect of word of mouth on sales: Online book reviews ［J］. Journal of Marketing Research, 2006, 43 (3): 345 – 354.

［28］ Coulter K. S. , Punj G. The effects of cognitive resource requirements, availability, and argument quality on brand attitudes: A melding of elaboration likelihood and cognitive resource matching theories [J]. Journal of Advertising, 2004, 33 (4): 53 – 64.

[29] Craik F. I. M., Lockhart R. S. Levels of processing: A framework for memory research [J]. Journal of Verbal Learning and Verbal Behavior, 1972, 11 (6): 671 – 684.

[30] Culnan M. J., McHugh P. J., Zubillaga J. I. How large U. S. companies can use Twitter and other social media to gain business value [J]. MIS Quarterly Executive, 2010, 9 (4): 243 – 259.

[31] Danaher P. J., Mullarkey G. W. Factors affecting online advertising recall: A study of students [J]. Journal of Advertising, 2003, 43 (3): 252 – 267.

[32] Danaher P. J. Modeling page views across multiple websites with an application to internet reach and frequency prediction [J]. Marketing Science, 2007, 26 (3): 422 – 437.

[33] Danaher P. J., Lee J., Kerbache L. Optimal internet media selection [J]. Marketing Science, 2010, 29 (2): 336 – 347.

[34] De Bruyn A., Lilien G. L. A multi – stage model of word – of – mouth influence through viral marketing [J]. International Journal of Research in Marketing, 2008, 25 (3): 151 – 163.

[35] Dellarocas C. The digitization of word of mouth: Promise and challenges of online feedback mechanisms [J]. Management Science, 2003, 49 (10): 1407 – 1424.

[36] Dellarocas C., Zhang Xiaoquan, Awad N. F. Exploring the value of online product reviews in forecasting sales: The case of motion pictures [J]. Journal of Interactive Marketing, 2008, 21 (4): 23 – 45.

[37] Dijkstra M., Buijtels H. E., Raaij W. F. van. Separate and joint effects of medium type on consumer responses: A comparison of television, print, and the internet [J]. Journal of Business Research, 2005, 58 (3): 377 – 386.

[38] Dreze X. , Hussherr F. X. Internet advertising: Is anybody watching? [J] . Journal of Interactive Marketing, 2003, 17 (4): 8 – 23.

[39] Duan W. , Gu B. , Whinston A. B. The dynamics of online word – of – mouth and product sales—An empirical investigation of the movie industry [J] . Journal of Retailing, 2008, 84 (2): 233 – 242.

[40] Edell J. A. Nonverbal effects in Ads: A review and synthesis. Nonverbal Communication in Advertising [M] . Sidney Hecker and David W. Stewart, eds. , Lexington MA: Lexington Books, 1988: 11 – 27.

[41] Edell J. A. , Keller K. L. The information processing of coordinated media campaigns [J] . Journal of Marketing Research, 1989, 26 (2): 149 – 163.

[42] Eighmey J. Profiling user responses to commercial web sites [J] . Journal of Advertising Research, 1997, 37 (3): 59 – 66.

[43] Galak, Jeff, Deborah S. , Stephen A. T. Micro – finance decision making: A field study of prosocial lending [J] . Journal of Marketing Research, 2011, 48 (Special Issue): 130 – 137.

[44] Gallagher K. , Foster K. D. , Parsons J. The medium is not the message: Advertising effectiveness and content evaluation in print and on the web [J] . Journal of Advertising Research, 2001, 41 (4): 57 – 70.

[45] Gillin P. The new influencers: A marketer's guide to the new social media [M] . Quill Driver Books/Word Dancer Press, 2009.

[46] Godes D. , Mayzlin D. Using online conversations to study word – of – mouth communication [J] . Marketing Science, 2004, 23 (4): 545 – 560.

[47] Goodall, Daniel. Owned, bought, and earned media. All that is good [EB/OL] . http: //danielgoodall. com/2009/03/02/owned – bought – and – earned – media/.

[48] Gorn G. J. , Goldberg M. E. Children's responses to repetitive T. V. commercials [J] . Journal of Consumer Research, 1980 (6): 421 – 425.

［49］ Grass R. C. , Wallace H. Satiation effects of T. V. commercials ［J］. Journal of Advertising Research, 1969 (19): 47 – 57.

［50］ Griffin J. The internet's expanding role in building customer loyalty ［J］. Direct Marketing, 1996, 59 (7): 50 – 53.

［51］ Ha L. , Chan – Olmsted SM. Enhanced TV as brand extension: TV viewers' perception of enhanced TV features and TV commerce on broadcast networks' web sites ［J］. International Journal on Media Management, 2001, 3 (4): 202 – 213.

［52］ Ha L. , Chan – Olmsted SM. Cross – media use in electronic media: The role of cable television web sites in cable television network ［J］. Journal of Broadcasting & Electronic Media, 2004, 48 (4): 620 – 645.

［53］ Ha L. Enhanced television strategy models: A study of television web sites ［J］. Internet Research: Electronic Applications and Policy, 2002, 12 (3): 235 – 247.

［54］ Harlena W. , Cardarelli R. , De Montigny M. Quantifying the isolated and synergistic effects of exposure frequency for TV, print, and internet advertising ［J］. Journal of Advertising Research, 2007, 47 (3): 215 – 221.

［55］ Harrison A. A. Mere exposure in advances in experimental social psychology, Vol. 10, ed. ［M］. L. Berkowitz, New York: Academic Press, 1977.

［56］ Haythorthwaite C. Social networks and internet connectivity effects ［J］. Information, Communication, & Society, 2005, 8 (2): 125 – 147.

［57］ Hulstijn J. H. Retention of inferred and given word meanings: Experiments in incidental vocabulary learning ［J］. Vocabulary and Applied Linguistics, 1992 (1): 113 – 125.

［58］ Jacoby J. , Hoyer W. D. , Zimmer M. R. To read, view, or listen? A cross – media comparison of comprehension ［J］. Current Issues and Research in Advertising, 1983, 6 (1): 201 – 217.

［59］ Jagpal H. S. Measuring joint advertising effects in multiproduct firms

[J] . Journal of Advertising Research, 1981, 21 (1): 65 – 69.

[60] Janiszewski C. The influence of display characteristic on visual exploratory search behavior [J] . Journal of Consumer Research, 1998, 25 (3): 290 – 301.

[61] Johnston W. A. , Dark V. J. Selective attention [J] . Annual Review of Psychology, 1986, 37 (1): 43 – 75.

[62] Kanso A. , Nelson R. A. Internet and magazine advertising: Integrated partnerships or not? [J] . Journal of Advertising Research, 2004, 44 (4): 317 – 326.

[63] Kaplan A. M. , Haenlein M. Users of the world, unite! The challenges and opportunities of social media [J] . Business Horizons, 2010, 53 (1): 59 – 68.

[64] Keller K. L. , Staelin R. Effects of quality and quantity of information on decision effectiveness [J] . Journal of Consumer Research, 1987, 14 (2): 200 – 213.

[65] Keller K. L. Building strong brands in a modern marketing communications environment [J] . Journal of Marketing Communications, 2009, 15 (2/3): 139 – 155.

[66] Keller P. A. , Block L. G. Vividness effects: A resource – matching perspective [J] . Journal of Consumer Research, 1997, 24 (3): 295 – 304.

[67] Kisielius J. , Sternthal B. Detecting and explaining vividness effects in attitudinal judgments [J] . Journal of Marketing Research, 1984, 21 (1): 54 – 64.

[68] Kozinets R. , Wojnicki A. C. , Wilner S. J. S. , Valck K. D. Networked narratives: Understanding word – of – mouth marketing in online communities [J] . Journal of Marketing, 2010 (5) .

[69] Krugman H. E. Processes underlying exposure to advertising [J] . American Psychologist, 1968 (23): 245 – 253.

[70] Lee A. Y. , Labroo A. A. The effect of conceptual and perceptual flu-

ency on brand evaluation ［J］. Journal of Marketing Research, 2004, 41 (2): 151 – 165.

［71］ Lee Y. , Chen A. N. K. , IIie V. Can online wait be managed? The effect of filler interfaces and presentation modes on perceived waiting time online ［J］. MIS Quarterly, 2012, 36 (2): 365 – 394.

［72］ Leong E. K. F. , Stanners Paul – John, Huang X. L. Web site objectives of Australian companies: An empirical investigation ［J］. Econlit, 1998: 267 – 280.

［73］ Libai B. , Bolton R. , Bugel M. S. , De Ruyter K. Customer – to – customer interactions: Broadening the scope of word of mouth research ［J］. Journal of Service Research, 2010, 13 (3): 267 – 282.

［74］ Liu Y. Word of mouth for movies: Its dynamics and impact on box office revenue ［J］. Journal of Marketing, 2006, 70 (3): 74 – 89.

［75］ Lwin M. O. , Morrin M. Scenting movie theatre commercials: The impact of scent and pictures on brand evaluations and ad recall ［J］. Journal of Consumer Behaviour, 2012, 11 (3): 264 – 272.

［76］ Maheswaran D. , Chaiken S. Promoting systematic processing in low – motivation setting: Effect of incongruent information on processing and judgment ［J］. Journal of Personality and Social Psychology, 1991, 61 (1): 13 – 25.

［77］ Mandel N. , Johnson E. J. When web pages influence choice: Effects of visual primes on experts and novices ［J］. Journal of Consumer Research, 2002, 29 (2): 235 – 245.

［78］ McClelland D. C. , Atkinson J. W. , Clark R. A. , Lowell E. L. The achievement motive ［M］. Oxford, England: Irvington, 1976.

［79］ Mondria J. A. , Boer Wit – de M. The effects of contextual richness on the guessability and the retention of words in a foreign language1 ［J］. Applied Linguistics, 1991, 12 (3): 249 – 267.

［80］ Montigny M. De, Cardarelli R. , Brown M. Measuring magazine advertising effectiveness and synergies ［J］. Worldwide Readership Research Symposium, 2007 (Session 5): 233 – 241.

［81］ Naik P. A. Integrated marketing communications ［M］. The Sage Handbook of Advertising, Sage Publications, 2007: 35 – 53.

［82］ Naik P. A. , Raman K. Understanding the impact of synergy in multimedia communications ［J］. Journal of Marketing Research, 2003, 40 (4): 375 – 388.

［83］ Naik P. A. , Peters K. A hierarchical marketing communications model of online and offline media synergies ［J］. Journal of Interactive Marketing, 2009, 23 (4): 288 – 299.

［84］ Naples M. J. Effective frequency: The relationship between frequency and advertising effectiveness ［J］. Association of National Advertisers, 1979 (1).

［85］ Patton W. E. Ⅲ. Quantity of information and information display type as predictors of consumer choice of product brands ［J］. Journal of Consumer Affairs, 1981, 15 (1): 92 – 105.

［86］ Petty R. E. , Cacioppo J. T. Issue involvement can increase or decrease persuasion by enhancing message – relevant cognitive responses ［J］. Journal of Personality and Social Psychology, 1979, 37 (10): 1915 – 1926.

［87］ Petty R. E. , Cacioppo J. T. The elaboration likelihood model of persuasion ［J］. Advances in Experimental Social Psychology, 1986 (19): 123 – 205.

［88］ Pieters R. , Rosbergen E. , Wedel M. Visual attention to repeated print advertising: A test of scanpath theory ［J］. Journal of Marketing Research, 1999, 36 (4): 424 – 438.

［89］ Sasaki T. , Becker D. V. , Janssen M. A. , Neel R. Does greater product information actually inform Consumer decisions? The relationship between product information quantity and diversity of consumer decisions ［J］. Journal of Economic Psychology, 2011, 32 (3): 391 – 398.

［90］Sawyer A. G. The effects of repetition: conclusions and suggestions a-bout experimental laboratory research, in Buyer/Consumer Information Process-ing, eds［M］. G. D. Hughes and Michael L. Ray, Chapel Hill, NC: Univer-sity of North Carolina Press, 1974: 190 – 219.

［91］Schlosberg J. TV is an ideal medium for driving traffic to web sites ［J］. Media Life Magazine, 2000 (1).

［92］Schudson M. Advertising, the uneasy persuasion: It's dubious im-pact on American Society［M］. Basic Books, Inc, New York, 1984.

［93］Schultz D. E. Implementing a media consumption model［C］. Paper presented at ESOMAR WAM Conference, Montreal, Canada, 2005.

［94］Schultz D. E. Media synergy: The next frontier in a multimedia mar-ketplace［J］. Journal of Direct Data and Digital Marketing Practice, 2006, 8 (1): 13 – 29.

［95］Schultz D. E., Block M., Raman K. Media synergy comes of age – Part 1［J］. Journal of Direct, Data and Digital Marketing Practice, 2009, 11 (1): 3 – 19, 88 – 89.

［96］Schultz D. E., Block M. P., Raman K. Understanding consumer – created media synergy［J］. Journal of Marketing Communications, 2012, 18 (3): 173 – 187.

［97］Seamon J. G., Williams P. C., Crowley M. J. The mere exposure effect is based on implicit memory: Effects of stimulus type, encoding condi-tions, and number of exposures on recognition and affect judgments［J］. Jour-nal of Experimental Psychology: Learning, Memor, and Cognition, 1995, 21 (3): 711 – 721.

［98］Shankar V., Hollinger M. Online and mobile advertising: Current scenario, emerging trends, and future directions［J］. Marketing Science Insti-tute Special Report, 2007 (7): 206.

［99］Simon C. J., Sullivan M. W. The measurement and determinants of brand equity: A financial approach [J]. Marketing Science, 1993, 12 (1): 28 – 52.

[100] Smith T. M., Gopalakrishna S., Chatterjee R. A three – stage model of integrated marketing communications at the marketing – sales interface [J]. Journal of Marketing Research, 2006, 43 (4): 564 – 579.

[101] Srull T. K., Wyer R. S. Person memory and judgment [J]. Psychological Review, 1989, 96 (1): 58 – 83.

[102] Stang D. J. The effects of mere exposure on learning and affect [J]. Journal of Personality and Social Psychology, 1975 (31): 7 – 13.

[103] Stephen A. T., Galak J. The effects of traditional and social earned media on sales: A study of a micro – lending marketplace [J]. Journal of Marketing Research, 2012, 49 (5): 624 – 639.

[104] Stephen A. T., Galak J. The complementary roles of traditional and social media in driving marketing performance [R]. Working Paper, INSEAD, Fontainebleau, 2009.

[105] Stevick E. W. Memory, meaning and method: Some psychological perspectives on language learning [M]. Newbury House Publishers, Inc, 1976.

[106] Tang T., Newton G. D., Wang X. P. Does synergy work? An examination of cross – promotion effects [J]. International Journal on media management, 2007, 9 (4): 127 – 134.

[107] Trusov M., Bucklin R. E., Pauwels K. Effects of word – of – mouth versus traditional marketing: Finding from an internet social networking site [J]. Journal of Marketing, 2009, 73 (5): 90 – 102.

[108] Tsao J. C., Sibley S. D. Displacement and reinforcement effects of the Internet and other media as sources of advertising information [J]. Journal of Advertising Research, 2004, 44 (1): 126 – 142.

[109] Stokes R. eMarketing: The essential guide to online marketing available [EB/OL]. www. quirk. biz/emarketingtextbook.

[110] Tulving E. , Schacter D. L. Priming and human memory systems [J] . Science, 1990, 247 (4940): 301 – 306.

[111] Voorveld H. A. M. , Neijens P. C. , Smit E. G. Opening the black box: Understanding cross – media effects [J] . Journal of Marketing Communications, 2011, 17 (2): 69 – 85.

[112] Voorveld H. A. M. Media multitasking and the effectiveness of combining online and radio advertisements [J] . Computers in Human Behavior, 2011, 27 (6): 2200 – 2206.

[113] Wakolbinger L. M. , Denk M. , Oberecker K. The effectiveness of combining online and print advertisements: Is the whole better than the individual parts? [J] . Journal of Advertising Research, 2009, 49 (3): 360 – 372.

[114] Wang S. A. , Nelson R. A. The effects of identical versus varied advertising and publicity messages on consumer response [J] . Journal of Marketing Communications, 2006, 12 (2): 109 – 123.

[115] Wang A. Branding over internet and TV advertising [J] . Journal of Promotion Management, 2011, 17 (3): 275 – 290.

[116] Wang X. , Yu C. L. , Wei Y. J. Social media peer communication and impacts on purchase intentions: A consumer socialization framework [J] . Journal of Interactive Marketing, 2012, 26 (4): 198 – 208.

[117] Warschawski D. PR is assuming top status in the brand building arena [N] . P. R. Week, 2003 – 04 – 08.

[118] Wooters J. , Wetzels M. Recall effect of short message service as a complementary marketing communications instrument [J] . Journal of Advertising Research, 2006, 46 (2): 209 – 216.

[119] Wright P. Message – evoked thoughts: Persuasion research using thought verbalizations [J] . Journal of Consumer Research, 1980, 7 (2): 151 – 175.

[120] Yoo B. , Donthu N. , Lee S. An examination of selected marketing

mix elements and brand equity ［J］. Journal of the Academy of Marketing Science，2000，28（2）：195 – 211.

［121］Yoo C. Y. Unconscious processing of web advertising：Effects on implicit memory，attitude toward the brand，and consideration set ［J］. Journal of Interactive Marketing，2008，22（2）：2 – 18.

［122］Yoo C. Y. Implicit memory measures for web advertising effectiveness ［J］. Journalism & Mass Communication Quarterly，2007，84（1）：7 – 23.

［123］Zajonc R. B. Attitudinal effects of mere exposure ［J］. Journal of Personality and Social Psychology Monograph Supplement，1968，9（2）：1 – 28.

［124］汤姆·邓肯. 整合营销传播——利用广告和促销建树品牌 ［M］. 周洁如译. 北京：中国财政经济出版社，2004.

［125］特伦斯·辛普. 整合营销沟通 ［M］. 熊英译. 北京：中信出版社，2003.

［126］谌楠. 电视广告和网络视频广告对品牌资产影响的协同效应研究 ［D］. 暨南大学硕士学位论文，2011.

［127］李凤萍. 传统媒体广告与网络广告协同效应研究综述 ［J］. 广告大观，2013（10）：78 – 85.

附　录

一、研究所用网页

1. 研究 1 所用网页

2. 研究 2A 所用网页

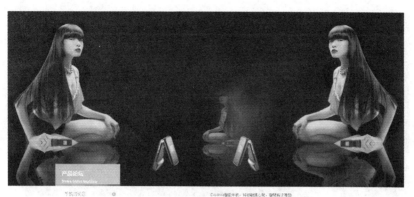

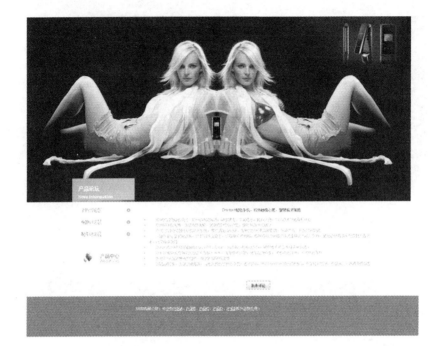

3. 研究 2B 所用网页

跟你，随时切换生活节奏
智动你心

TAJ	YIC	HUZ	CEX	YAD	MEP
ZIN	QOM	GOK	MOQ	FEP	GAW
VFC	GRP	YIN	RUY	SUH	KOI
YOX	DUZ	TEV	GAF	JIK	CIB
FUQ	RU	ZAD	LIQ	WOZ	ZUR
BIP	NAW	XUR	KOC	LEQ	TEY
DAK	XDL	QIG	QUZ	XAF	WOQ
XEW	HUQ	LOJ	DEJ	MCJ	XIG
CUG	TEF	DEH	TAH	RIY	NAH
JOF	ZIK	BUP	WOG	KRB	JRC
QID	VOB	WIX	FIK	QON	QUT
LEH	PAH	KAQ	VUS	GUW	YOF
20.7	27.3	27.3	20.2	24.5	27.7

4. 研究3所用网页

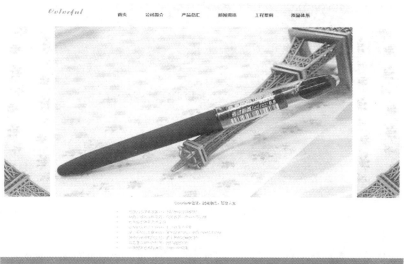

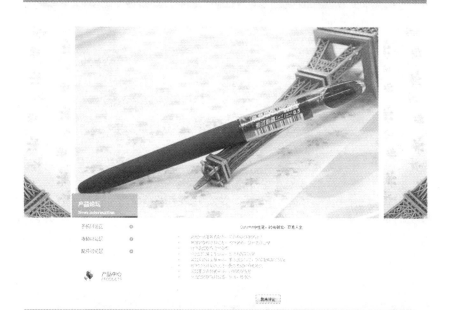

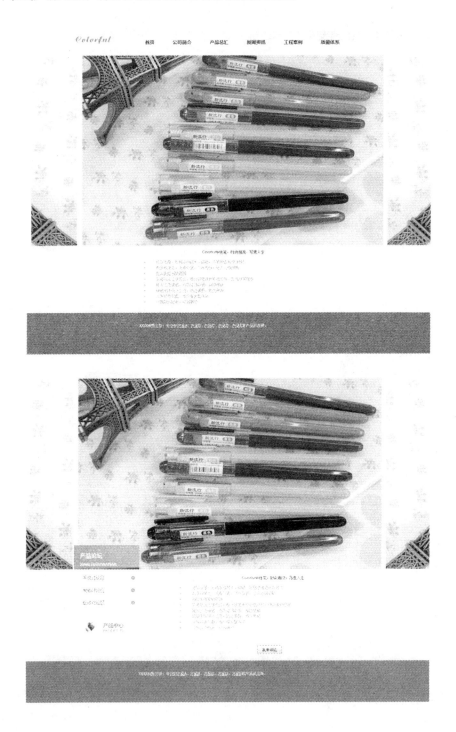

5. 研究4A所用网页

6. 研究 4B 所用网页

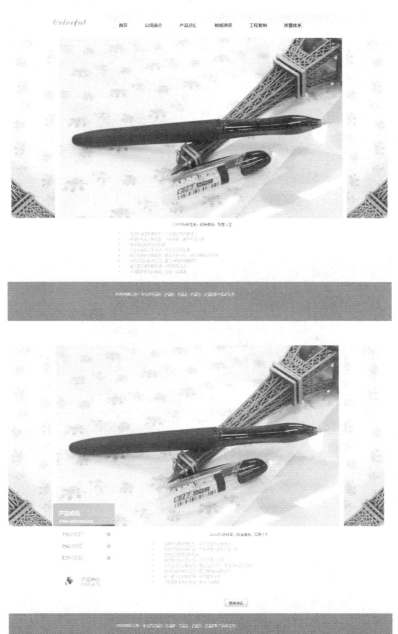

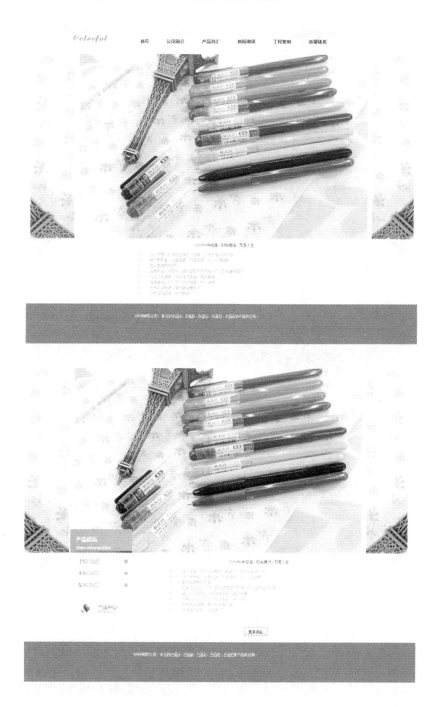

7. 研究 5A 所用网页

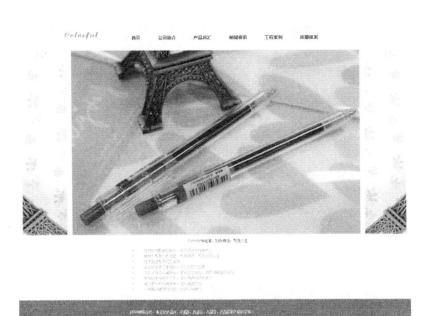

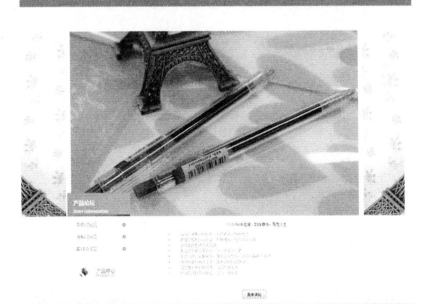

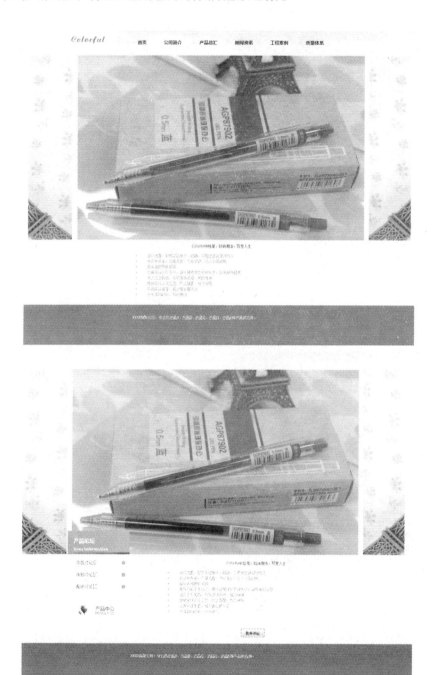

8. 研究 5B 所用网页

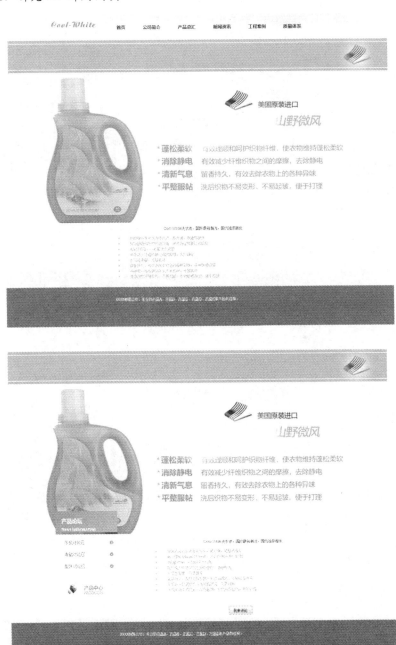

二、研究所用问卷

1. *产品广告主张重要性测量问卷*

某几家企业正在计划进行一次广告策划，需要了解所策划广告产品品牌主张的重要性，需要征集您的宝贵建议！请您针对每条品牌主张对于您的重要性，根据真实感受进行判断。1～7 的分数代表从"很不重要"到"十分重要"，4 表示不确定的中性判断。请在相应的位置上画"√"。

以下分别为手机、笔记本电脑、洗衣液、中性笔的品牌主张题项：

第一部分：某品牌手机的品牌主张

	对我很不重要				对我十分重要		
	1	2	3	4	5	6	7
独特内外双屏智能感应触控，透明翻盖外屏，翻合间独享双重智能操控体验	1	2	3	4	5	6	7
高清晰超流畅的 CMMB 手机电视功能，精心配备外置天线，确保信号强大稳定，多套节目随时贴身收看	1	2	3	4	5	6	7
更有即时录放功能，32GB 超大扩展内存，可在处理多重任务的同时长时间录制电视节目	1	2	3	4	5	6	7
接听来电时，Dis–80 也能自动录制电视节目以供回放，确保记录每一历史时刻、关键赛事，精彩瞬间，绝无错过	1	2	3	4	5	6	7
整合全套移动应用，一键开启，财经股市、文本扫描、收发邮件等功能均汇聚于此，把握时势，任风云变幻，唯实干领先	1	2	3	4	5	6	7
Dis–80 支持 720p 像质高清晰播放影音视频，贴身携带您的重要视频文件，辅以出色的音质透过扬声器传达，随时随地体验前所未有的视听感受	1	2	3	4	5	6	7

续表

Dis-80 更支持 RMVB/RM 视频格式，让您尽享网络视频资源。内外双屏均可操控播放流程，齐享超大屏幕炫丽观感	1	2	3	4	5	6	7
3G/WLAN（WAPI/WIFI）高速互联网接入，资讯突破疆域限制，伴您驰骋网络世界	1	2	3	4	5	6	7
独有的透明翻盖设计，奇妙的电阻触屏，操控精准，笔笔随心，翻合之间，为您带来双重精妙体验	1	2	3	4	5	6	7
CMMB 手机电视，节目清晰流畅，更有即时录放功能，精彩节目绝无错过	1	2	3	4	5	6	7
内/外双屏均可操控手机电视节目，横/纵屏自动切换，各种方式观赏绚丽影音，视听资讯，从此尽收眼底	1	2	3	4	5	6	7
一键开启全套智能应用，文本/名片全能王，仅需用手机拍照，即可将传统纸媒文字迅速转化为电子文档，更能自动将名片内容载入通讯簿，识别精准快捷	1	2	3	4	5	6	7
Quickoffice 可浏览编辑 Word、PPT、Excel、PDF 等多种格式文件，更支持手机证券等多种应用	1	2	3	4	5	6	7
Dis-80 配备业界领先的智能手写输入技术，连笔草书识别，更加高效快速，灵感由您挥洒，天地任您写意	1	2	3	4	5	6	7
支持720p 高清晰视频播放，锐利影音震撼呈现	1	2	3	4	5	6	7
3G 高速互联，支持视频通话，沟通跨越时空犹如亲临；更支持 WLAN（WAPI/WIFI）无线局域网，尽享科技所惠，极速接入，畅享无限信息	1	2	3	4	5	6	7

第二部分：某品牌笔记本电脑的品牌主张

	对我很不重要					对我十分重要	
	1	2	3	4	5	6	7
灵活的指点杆（Track Point），操作更方便	1	2	3	4	5	6	7
屏幕采用包边式边框，BC 面边框凸凹式设计，双搭扣设计，能够更好地保护屏幕，更有人性化的顶端键盘灯	1	2	3	4	5	6	7

绚丽漂亮的多色外观，坚硬的外壳保护，钛镁合金，不易划伤	1	2	3	4	5	6	7
独有的七行键盘，更多功能，最好的键盘手感，同时具有防水功能	1	2	3	4	5	6	7
无线网卡的天线镶嵌在屏幕两边，位置高，信号更好	1	2	3	4	5	6	7
主动式防护系统（Active Protection System，APS）更好地保护数据安全	1	2	3	4	5	6	7
一键恢复功能，在系统遭到破坏时可以重新恢复系统或最后一次备份的状态	1	2	3	4	5	6	7
嵌入式的安全子系统（Embedded Security Subsystem），从软件和硬件两方面解决数据安全问题	1	2	3	4	5	6	7
杜比 5.1 环绕立体声场设计，有效降噪，输出纯美音质，带来身临其境的动人体验	1	2	3	4	5	6	7
采用新一代英特尔迅驰双核处理器技术，为您引爆新感官革命	1	2	3	4	5	6	7
便捷的指点杆（Track Point），大幅度移动指针和拖拽操作更简单	1	2	3	4	5	6	7
屏幕采用无边框设计，视觉体验更好，碳纤维哑光的质感，细细的边框时尚美观	1	2	3	4	5	6	7
钛镁合金的外部机身，整体风格稳重大气	1	2	3	4	5	6	7
高触感键盘，长期操作方便舒服，经久耐用	1	2	3	4	5	6	7
走线更合理的无线网卡，接收信号好，不易损耗，长期质保	1	2	3	4	5	6	7
主动式防护系统（Active Protection System，APS）自动保护硬盘驱动器，应对可能损坏数据情况	1	2	3	4	5	6	7
新一键恢复功能，支持个性化的系统恢复功能，不需重装系统	1	2	3	4	5	6	7
通过嵌入式安全子系统（Embedded Security Subsystem）进行存储和运行专用于数据和程序保护的密码和相关信息	1	2	3	4	5	6	7

续表

JBL立体音效系统，拥有明亮清晰的音色，对声音具有极高还原度，极致降低底噪	1	2	3	4	5	6	7
新一代英特尔迅驰双核技术秉持"高速、轻薄、长时间驱动"理念，更佳高速处理体验	1	2	3	4	5	6	7

第三部分：某品牌洗衣液的品牌主张

	对我很不重要					对我十分重要	
	1	2	3	4	5	6	7
突破传统洗衣液洗涤方式，更方便，用量易操作	1	2	3	4	5	6	7
有效理顺和呵护织物纤维，使衣物维持蓬松和柔软	1	2	3	4	5	6	7
4倍超浓缩，一粒解决大问题	1	2	3	4	5	6	7
有效减少纤维织物之间的摩擦，去除静电	1	2	3	4	5	6	7
水溶性薄膜，无须撕开	1	2	3	4	5	6	7
留香持久，有效去除衣物上的各种异味，多种香味选择	1	2	3	4	5	6	7
干手取一粒直接扔入洗衣机即可，无须搅拌	1	2	3	4	5	6	7
洗后织物不易变形，不易起皱，衣物舒展自如，便于打理	1	2	3	4	5	6	7
真正超浓缩，低泡无磷，极易过洗干净	1	2	3	4	5	6	7
适合每日洗涤	1	2	3	4	5	6	7
在保护衣物色彩的同时，能有效去除顽固污渍	1	2	3	4	5	6	7
真丝、羊毛、羽绒服全能洗，干洗、特殊处理衣物除外	1	2	3	4	5	6	7
能使白色衣物更亮白，彩色衣物更鲜艳，却不损伤织物	1	2	3	4	5	6	7
温和不伤面料	1	2	3	4	5	6	7
有效去除渗入衣物纤维内部的污渍和体味汗味，衣物不易发霉发黄虫蛀	1	2	3	4	5	6	7
洗后衣物具有淡淡的春天里山间野外清新的花香	1	2	3	4	5	6	7

第四部分：某品牌中性笔的品牌主张

	对我很不重要					对我十分重要	
	1	2	3	4	5	6	7
独特的油墨碳素配方，书写痕迹保持更持久	1	2	3	4	5	6	7
有薰衣草等多种花香，气味清新，提升书写心情	1	2	3	4	5	6	7
特殊造型更具艺术品质	1	2	3	4	5	6	7
专业的笔身工学设计，长久书写不乏累	1	2	3	4	5	6	7
笔芯采用钛金属制作，墨水出水均匀，书写流畅而不伤纸	1	2	3	4	5	6	7
特殊的笔珠制作工艺，墨水使用时间更持久	1	2	3	4	5	6	7
笔芯墨水原料更环保，对环境更友好	1	2	3	4	5	6	7
外观图饰更具时尚感，引领一种潮流	1	2	3	4	5	6	7
进口油墨，形成字迹耐水、耐晒，不易渗透且保存持久	1	2	3	4	5	6	7
有多种果香，无毒无害，气味清新，让人心情舒畅	1	2	3	4	5	6	7
整体造型别致新颖	1	2	3	4	5	6	7
笔身符合工学设计，最大程度保护手指关节，降低疲劳程度	1	2	3	4	5	6	7
笔尖工艺精细，书写连续顺滑，操控精确	1	2	3	4	5	6	7
精细笔珠设计工艺，防止漏墨，持久使用	1	2	3	4	5	6	7
采用环保笔墨，减少重金属污染	1	2	3	4	5	6	7
外观简约时尚，引领潮流	1	2	3	4	5	6	7

2. 购买意愿与产品态度测量问卷

请根据您刚才所浏览广告的体验，就广告中所展示产品的感知，回答下列问题。1~7 的分数代表从"完全不同意"到"完全同意"，4 表示不确定。请在相应的分数上画"√"。

（1）就刚才广告中所展示的产品，请问您在未来 12 个月内购买展示产品的可能性为_____%。

A. 99% 的可能性会购买 　　　　　　　B. 90% 的可能性会购买

C. 80% 的可能性会购买 　　　　　　　D. 70% 的可能性会购买

E. 60% 的可能性会购买   F. 50% 的可能性会购买

G. 40% 的可能性会购买   H. 30% 的可能性会购买

I. 20% 的可能性会购买   J. 10% 的可能性会购买

K. 1% 的可能性会购买

（2）您觉得该（产品）：

1	不好	1	2	3	4	5	6	7	好
2	不喜欢	1	2	3	4	5	6	7	喜欢
3	不渴望	1	2	3	4	5	6	7	渴望

3. 产品回忆测量问卷

本部分问卷包括产品回忆与产品识别两个测量问卷，其中产品回忆问卷均相同，采用自由回忆方式，产品识别采用问题判断方式。

（1）请回忆您刚才所浏览的广告，将您能想到的信息写下来，每行各写一条信息。

1. _____

2. _____

……

16. _____

（2）根据您的回忆，请您判别以下信息是否是您所浏览过的广告信息，然后在"是"或"否"上画"√"。

广告中的手机是 Disdara（Dis-80）这一款吗	是	否
该款手机是可翻盖的内外双屏、智能感应触控吗	是	否
该款手机的 CMMB 手机电视功能是通过内置天线实现吗	是	否
该款手机 32G 超大内存支持即时录放功能吗	是	否
该款手机可以在接听来电时同时自动录制电视节目吗	是	否

该款手机的全套移动应用中包含名片处理吗	是	否
该款手机可以支持 1080p 像质高清播放影音视频吗	是	否
该款手机同时支持 RMVB/RM 两种视频格式吗	是	否
该款手机可以通过 LAN/3G 接入互联网吗	是	否
该款手机的主体词是"科技触摸心意，智慧解决难题"吗	是	否
该款手机是电阻触屏吗	是	否
该款手机的手机电视是 CMMB 式吗	是	否
该款手机通过外屏也可以操控吗	是	否
该款手机的手机拍照可用于名片处理吗	是	否
该款手机支持在线游戏吗	是	否
该款手机智能输入技术不能识别连笔草书吗	是	否
该款手机不能支持 720p 视频播放吗	是	否
该款手机能视频聊天吗	是	否
该款笔记本指点杆功能可以实现拖拽操作吗	是	否
该款笔记本边框采用碳纤维哑光技术吗	是	否
该款笔记本机身外部是钛镁合金吗	是	否
该款笔记本是七键键盘吗	是	否
该款笔记本无线网卡享受长期质保吗	是	否
该款笔记本主动式防护功能可以保护软盘驱动器吗	是	否
该款笔记本一键恢复功能支持个人化的恢复设置吗	是	否
该款笔记本的安全子系统是外置式的吗	是	否
该款笔记本声效系统是采用 JBL 的吗	是	否
该款笔记本双核是坚持原来的"高速、轻薄、流畅"理念吗	是	否
该款笔记本采用包边式边框吗	是	否
该款笔记本的顶端键盘灯是双搭扣设计吗	是	否
该款笔记本的钛镁合金经过 TX 处理吗	是	否
该款笔记本键盘不可防水吗	是	否
该款笔记的天线是镶嵌在屏幕顶端吗	是	否
该款笔记本是采用杜比 5.1 环绕立体声场设计吗	是	否
该洗衣液用量与操作突破传统洗涤方法吗	是	否
该洗衣液不能使衣物洗后更蓬松吗	是	否

该洗衣液是 6 倍超浓缩吗	是	否
该洗衣液可以有效去除静电吗	是	否
该洗衣液是由水溶性薄膜包裹着吗	是	否
该洗衣液可以长久留香吗	是	否
该洗衣液扔入洗衣机后需要轻轻搅拌吗	是	否
该洗衣液可以使织物不起球吗	是	否
该洗衣液不含磷吗	是	否
该洗衣液是否适合每日洗涤	是	否
该洗衣液去除顽固污渍的同时能完全保护衣物色彩吗	是	否
该洗衣液可以洗皮草类衣物吗	是	否
该洗衣液可以增强衣物颜色吗	是	否
该洗衣液是否对面料有损伤	是	否
该洗衣液具有衣物防潮功能吗	是	否
该洗衣液气味是花香味吗	是	否
该中性笔字迹保持更持久吗	是	否
该中性笔气味是花香味吗	是	否
该中性笔造型强调艺术性吗	是	否
该中性笔笔身的艺术性造型使得长久书写不累吗	是	否
该中性笔的笔芯是镁金属制造吗	是	否
该中性笔墨水使用时间数倍于其他中性笔吗	是	否
该中性笔塑料原料更环保吗	是	否
该中性笔具有时尚的图饰吗	是	否
该中性笔采用的油墨可以耐水、耐晒吗	是	否
该中性笔果香无毒吗	是	否
该中性笔造型实用而低调吗	是	否
该中性笔可以有效保护腕关节吗	是	否
该中性笔笔尖工艺可以防止漏墨吗	是	否
该中性笔笔尖书写起来可以更准确操控吗	是	否
该中性笔墨水可以减少金属氧化物污染吗	是	否
该中性笔外观色粉繁复，引领潮流吗	是	否